Scott Cunningham

Earth, Air, Fire & Water
More Techniques of Natural Magic

西洋魔法で開運 発展編

パーソナルパワーと
ナチュラルパワーの融合

スコット・カニンガム 著
狩野綾子 / 鵜木 桂 まちとこ 訳

"Translated from"
Earth, Air, Fire & Water
Copyright ©1991 and 2005 by Scott Cunningham
Interior illustrations by Llewellyn art depertment
Published by Llewellyn Publications Woodbury, MN 55125 USA
www.llewellyn.com

Published by Llewellyn Publications
Woodbury, MN 55125 USA
www.llewellyn.com
through Japan UNI Agency, Inc., Tokyo

謝辞

　私が自然魔術の様々な方法を発見し、探求するのをたくさんの方々が手を貸してくれました。中でも、インスピレーションを与え、魔法の世界への手引きとなり、私の魔法の世界を育ててくれたシェリル、すばらしい庭や絶え間なくウィットに富んだ話で助けてくれたディビッド、原稿について意見を述べてくれたマリリー・ビゲロウ、最初にこの本に対して心の火を灯し、今はニューヨークに住むモーガン、そしてその火を遠いハワイの地で燃やし続けるモーガナ、素晴らしい教えと人脈を提供してくれたサンディエゴのM.F.、学識ある洞察力でアドバイスしてくれたアイザック・ボーンウィッツとデボラ・リップ、ハレー彗星と共に過ごした長い夜と現実的な観察力を提供してくれたデ・トラシ、石について教え、サポートをしてくれたジョンとイレーン、私を砂漠に連れて行ってくれたロバートとヴァージニア、私から盗んだキャンドルの魔法を、盗み返すのを容認してくれたヴィニー・ガグリオン、文章を私に書くようにすすめたスコットとジュディ、そしてペザーウェン、多くのディナーとジョークを共に楽しんだタラとバック、常に励まし続けてくれたナンシー・モスタッド、宣伝を担当してくれたパティ、芸術的なセン

スを提供してくれたテリー、電話応対を担当してくれたジム、いろいろ世話してくれたウッディ、そしてずっと支援してくれたサンドラとカール・ウェスシェックに特に感謝します。

　また、私が厳しい状況を乗り越えるために、エネルギーを惜しみなく与えて下さった人々や団体に感謝しなければならないでしょう。中でも、エインシャント・ウェイズのグレン、サークルのセレナ、エターナル・ソース教会のジャック、クロウ・ヘイブン・コーナー、クリスタル・ケーブのアネラを始めとする皆さま、エンチャントメンツのキャロルを始めとする皆さま、ザ・フォー・ウィンズのジョージアとリック、マジカル・チャイルドのハーマン・スレーター、ムーンサークルズのマリリン、ミスティック・ムーン、パラス・ソサイエティの皆さま、スペルバウンドのヴィニー、テッドを始めとする皆さま、ホワイト・ライト・ペンタクルズ、そして特にセーラムの魔女について普及啓発活動をしている魔女連盟に感謝します。ここに名前を記すのを忘れてしまった人たちには、心からのお詫びを申し上げます。どうかご理解頂けたらと思います。

　また、この本に含まれているいくつかの章を、最初に世に出してくれた出版社、「ニュー・ムーン・ライジング」（前身はザ・ローズ・アンド・クィル）、「ザ・サンディエガン・ペイガン」、そして「ザ・マジカル・アルマナック」に感謝したいと思います。

まえがき

　1983年に『西洋魔法で開運　入門』を書き終えた私は、四大元素についての入門書を書き上げたつもりでした。当時、ほとんどの魔法に関する本では、四大元素を謎に満ちた曖昧なものとしてとらえていました。土、風(ふう)、火、水を使った魔法について読みやすくて、内容がしっかりとした本はありませんでした。

　そのため私は、今までにない本を書きたくなりました。古いヨーロッパの民間魔術を由来とする魔法をたくさん含めた本にしたいと思いました。このような魔法の儀式は、長い間をかけて、魔術師と地球との間の関係を築きあげてきました。必要最低限の道具でおこなうことができる簡単な儀式について書けば、本を読みたい読者も見つかるだろうと踏みました。

　予感は的中し、たくさんの方に読んで頂きました。『西洋魔法で開運　入門』は、私が今まで書いた本の中でも一番手紙を頂いた本です。短い本ですが、書かれている内容は、多くの人、とりわけ自然魔術を始めたばかりの人たちに親しまれ続けているようです。

　しかしながら、中には、この内容のもっと「上級編」を読みたいという方がいました。当初は何を求めているのか、今ひとつ理解できませんでした。私の本は全て民間魔術について記したものであり、

儀式を重視した魔法についての本ではありません。民間魔術とは、文字通り、まさしく人々の魔法です。難しい内容は一つもありません。そのような手の込んだ魔法に費やす時間など昔の人々にありませんでしたから。彼らの魔法は、地床で質素な農耕主体の生活を反映したものであるといえます。

　私が書くのはこのような魔法についてです。チャクラ（ヨーガで使う、霊的力の根源部位）、チャネリング、イナー・プレイン（内方次元界）、パスワーキング（瞑想によってイメージを見る技術）、ジオマンシー（土や石や砂を手に握り、それを地面に投げてできた模様を解釈しておこなう占い）といった類いのものについては触れていません。これらは、私がおこなっている魔法とは違うからです。知っていることについて書いた方が望ましいと思いました。

　というわけで、『西洋魔法で開運　発展編』は、『西洋魔法で開運　入門』の続編になります。この本では、すばらしい星の魔法、またキャンドル、氷、そして雪の魔法や、芸術的な願いの井戸の魔法などを紹介しています。さらに、海や鏡や石についての魔法についても、もっと掘り下げて書きました。最後の章は、自分のオリジナル魔法の儀式を作る方法について詳しく書いています。

　また、この本で強調したいテーマが一つあります。地球のはかなさです。現在、人間が考えなしで取っている行動のせいで、地球は危機に瀕しています。魔術師は、地球や四大元素を粗末に扱うことはしません。地球に寄り添いながら、地球や四大元素の贈りものに向かって自分のエネルギーを放ちます。そうすることで、私たちは自分たちのもとにエネルギーを送っているのです。

　自然魔術をおこなうと、暮らし方が変化します。それはリサイクルだったり、木を植えたり、カープーリング（車の相乗り）だったり、

水を大切に使ったり、プラスチック製品の使用をやめたり、エアコンを切ることかもしれません。環境をよくするこれらの小さな一歩を踏み出すことで、魔法や儀式の効果も上がることでしょう。こういった行動で、私たちは自然、そして、土、風、火、水に尊敬の念を抱いていることを証明しているからです。

　自然魔術に関する手法の多くは、地球や私たちの生活における不思議について教えてくれるでしょう。

　　　　　　　　　　　　　　　　　　　スコット・カニンガム
　　　　　　　　　　　　　　　　サンディエゴ、1990年11月1日

CONTENTS

謝 辞 ——————————— 3
まえがき ——————————— 5

✴ 第一部 魔法の基本 ✴

1. 魔法とは ——————————— 12
2. 魔法のテクニック ——————— 15
3. 魔法で必要な道具 ——————— 29
4. 4つのエレメント(四大元素) ——— 33
5. 準備の儀式 ————————— 49

✴ 第二部 四大元素の魔法 ✴

6. 土のパワー ————————— 56
7. 風(ふう)のパワー ——————— 69
8. 火のパワー ————————— 79
9. 水のパワー ————————— 87

✹ 第三部　自然魔術 ✹

10. 石の魔法 ——————————— 96
11. 磁石の魔法 ——————————103
12. キャンドルの魔法 ——————— 110
13. 星の魔法 ——————————— 126
14. 雪の魔法 ——————————— 139
15. 氷の魔法 ——————————— 145
16. 鏡の魔法 ——————————— 151
17. 願いの井戸の魔法 ——————— 158
18. 海の魔法 ——————————— 167
19. 自分だけのオリジナル魔法を作る — 183

あとがき ————————————— 221

付録Ⅰ　魔法のシンボル ——————— 223
付録Ⅱ　用語集 ———————————226
参考文献一覧 ————————————234

この本をローリー・カボット、ジプシーとリチャード、アッシュトンとセーラムの魔女たちに深い感謝の気持ちと共に捧げます。

第一部
魔法の基本

PART I
Basics of Magic

1. 魔法とは

　もつれ合った木々の合間を人影が縫うように動き、広い場所を求めてさまよっています。やがて古代オークの森が開け、小川が現れました。女は草に覆われた川岸にひざまずき、両手を地面につきました。大地の揺るぎない鼓動を感じ、そのエネルギーに癒されます。女は感謝の気持ちを胸に、エメラルド色の草を集め、1本の草の輪を作りました。そして同じような輪を13本作ると両手に抱え、しばらくの間じっと動きを止めました。

　目を閉じ、そっと言葉をつぶやきます。風で袖がなびくと、女の顔に緊張が走りました。内側から湧き出るパワーに思わず肩を震わせます。やがて立ち上がると、今得たパワーを草に注いで空に向かって放ちました。

　風を受けながら草は川を流れます。遠く離れた川岸に草が流れ着き、草のパワーが土に移ります。女は自分が送りこんだエネルギーが動き出すのを感じました。

　儀式が終わりました。女は川岸に横たわり、太陽の日差しが体を温め、そよ風が気持ちを落ち着かせ、そして大地が包み込んでくれるのを感じます。今しがたおこなった簡単な儀式を思い返し、そこで生み出されたパワーを感じながら横たわっていると、横で流れる

小川のせせらぎが女を穏やかな幻想の世界へと誘い込みます。
　女は静かに感謝の気持ちを表した後立ち上がり、再び木々の合間を縫って家に戻りました。愛猫を出迎える頃には鮮やかな赤に染まった太陽が西の地平線に沈みかけていました。ヒーリングの魔法が成功したことに満足し、女は暖炉のそばで本を読み始めます。

　このような魔法の儀式はあまり馴染みがなく、不思議に思うかもしれません。でもこの本はまさにこのような魔法がテーマです。穏やかで、愛に溢れ、癒しとなる魔法です。この本に呪いは登場しません。憎しみ、嫉妬、妬みのための儀式も出てきません。
　もしあなたが魔法はこのようにポジティブなものであると知って驚くようであれば、真の魔法の世界に案内できることをうれしく思います。真の魔法とは、自然が生み出すエネルギーを使い、愛をチャージし、必ずよい変化が起きると信じておこなうものです。
　魔法は土、水、火、そして風(ふう)と同じように自然のものです。そう、辺りに生えている草と同じような存在です。シンプルな魔法の儀式から、多くの人が人生の難題に対する答えを見出してきました。自然魔術（人間の精神と肉体に秘められたパワーを自然のパワーと合わせる魔法）は昔から人々の生活に根付いていました。
　そして現在でも、果てしない牧草地、杉に囲まれた入り江、うだるように暑い砂漠、そして摩天楼の影など至るところに魔法は息づいています。自然魔術の魔術師たちは、それらの場所に息づく地球のエネルギーを使って、自分自身と自分の人生を変えているのです。この本は実践的でポジティブな魔法のガイドブックです。誰もがこのような魔法を通して自分の人生に調和をもたらすことができます。
　私たちは自然魔術をおこなう時、自然と波長を合わせます。

魔法は、高尚な精神を追求するためのものではなく、地球と一体となって、私たち、そして私たちの地球の未来をもっと明るくするためのものなのです。
　軽やかに歩き、深呼吸をして、誰も傷つけないで……。そして、この本で魔法がもたらす不思議な力を発見して下さい。

2. 魔法のテクニック

　あなたにとってこの本が魔法の世界への最初の扉だとしたら、この本に書かれていることを少し不思議に思うかもしれません。きっと慣れない言葉や考えにも出合うことでしょう。この章は、魔法の世界への旅を導いてくれる地図のようなものです。魔法の効果を最大限に引き出すために必要な心のツールを紹介します。

　わかりにくい専門用語は、本書の後ろにある用語集を参照して下さい。

エネルギー

　多くの人は、魔法とは謎めいた暗号を書いたり、わけのわからない言葉をつぶやいたり、ひびの入った石の周りを後ろ向きで歩いたりすることだと考えています。このようなものが魔法の儀式の始まりと終わりにあると信じているのです。

　しかし、こういった行為は魔法ではそれほど重要ではありません。魔術師がこれらの行為によってありとあらゆるエネルギーとつながることができない限り、あまり意味はないのです。実際、何の動作

もおこさず、道具にも触れず、パワーを持つ言葉もつぶやかずに魔法をおこなうことは可能です。自分の心と体だけを使う魔法が最も効果的だと考える人もいるでしょう。しかしそのような魔法は自然魔術とはいえないので、この本では論じません。

　魔法で使われるエネルギーは全て一つの宇宙の源から生まれたものですが、それは様々な形となって現れます。その上、魔法のエネルギーは物質ではない形でも存在します（そのようなパワーが実際に宗教的儀式で使われています）。

　自然魔術で使われる2種類のエネルギーについてここで説明しましょう。

◆パーソナルパワー

　まずはこのパワーから説明します。そう、あなた自身です。この魔法のパワーはすでにあなたにとって馴染みのあるものです。これは例えば何段もの階段を駆け上ったり、恐ろしいホラー映画を観たり、怒りがふつふつと湧いてきたり、あるいは恋に落ちたりした時に感じるパワーです。私たちの身体に内在するこのようなエネルギーは、パーソナルパワーと呼ばれています。

　人類の限界といわれる一線を越えた経験のあるアスリートであればすぐにピンとくると思いますが、私たちの身体は健康であれば大量のエネルギーを生み出すことができます。人間はこのエネルギーを地球からもらっていて、自然から食べ物、太陽の光、新鮮な空気、そして水をもらいます。そして、エネルギーに変えています。通常私たちは健康維持のため、そして運動、仕事、睡眠、勉強、思考、そしてセックスなど日々の活動のためにこのエネルギーを使います。

　魔法では、このエネルギーの一部を他の目的に使います。筋肉を

緊張させることで力をみなぎらせてパーソナルパワーを高め、視覚化によってパワーを目標に集中させ、そして目標を達成するために解き放つのです。これはシンプルな作業で、徹夜での勉強、マラソンの完走、芸術作品の完成、あるいは詩の執筆などの作業のために気持ちを集中させるといった行動と大差はありません。具体的な方法は異なっても、少なくとも一つの目的を達成するためにエネルギーをある方向に向けるという意図は一緒なのです。

　そして、魔法ではこのようなエネルギーを意識的に解き放ち、必要な変化をすばやく生み出します。その方法についてはこれから説明しましょう。

　パーソナルパワーは通常、身体から「陽の手」を通して放たれます。陽の手とは、あなたが物を書く時に使う手です。もしもあなたが両利きであれば、どちらの手を使っても構いません。

　注意：魔法で体内から放出されるエネルギーの量はそれほど多くないので、魔術師の健康に害を及ぼすようなことはありません。

◆地球のパワー

　2種類目の魔法のパワーは地球そのものから生まれるものです。立ち並ぶ木々や、野生の花で溢れる野原、静寂に満ちた湖、あるいは洞窟といったものに敬意を払う者であれば、地球に秘められたパワーを感じるはずです。

　魔術師は自然の産物に大きなパワーを感じます。その中から儀式に合うものを選んで、魔法のパワーを放つバッテリーとして儀式中に使用します。石、植物、湖、海、嵐、風、炎など数多くのものを使います。それぞれが異なる形のエネルギーを持っているので、叶えたい願いによって使い分けます。

自然魔術ではパーソナルパワーを地球のパワーと一体化させます。願いを叶える魔法の儀式を通じて、この一体化はおこなわれます。そして何を願うかによって、使用する地球のパワーの種類が決まります。

　私たちはこの地球のパワーを、陽の手の逆の手である「陰の手」から取り入れます。多くの人にとってこれは左手になるでしょう。

　地球のパワーは大きく４つに分けられます。土、風(ふう)、火、そして水です（4.「４つのエレメント」参照）。

願いや目標

　魔法には必ず願いが伴います。体重を減らしたい、恋愛をしたい、試験に合格したい、あるいは期日の過ぎた請求書を支払いたいなど、文字通りなんでもいいのです。しかしそれは心から願うことでなければならず、非現実的なものではいけません。

　また、達成できないような願いでもいけません。例えば飛行機の類を使わずに身一つで空を飛ぶ、会ったこともない有名な映画スターと結婚する、あるいは何百万もの人が買い求める宝くじに当たる、といった願いはあなたを落ち込ませるだけです。

　だから、シンプルで実現可能な願いにしましょう。そうすればあなたの願いはきっと叶えられるでしょう。

視覚化

　私たちが頭の中でイメージを創り出すことを視覚化といいます。視覚化は全ての魔法において大切な役割を果たします。魔法をおこなう時、私たちは叶えたい願いをイメージ化し、抱えている問題などネガティブなイメージは逆に頭の中から全て追い払います。病んで貧しい自分ではなく、健康で豊かな自分を想像するのです。

　視覚化する能力は、魔法で最も大切なツールの一つです。私たちは、頭の中で未来を創り出し、それを見ることができるのです。魔法の儀式中に頭の中にイメージを描くことで、パワーを向かわせたい目的や方向に導くことができます。

　最も効果がある視覚化の練習は、自分の頭をテレビのスクリーンだと考えてみることです。まずあなた自身の姿をそのスクリーンに映し出してみましょう。記憶を鮮明にするために、鏡や自分が映った写真を見てから自分自身を心の中に描くといいでしょう。頭の中のスクリーンに自分の姿を映し出すことができたら、次は親友の顔、飼っている猫、犬、鳥、好きな政治家、あるいは完璧な赤いリンゴを映し出して見てみましょう。まるで本当にそこに存在するように再現して「見る」のですよ。色付きで立体感のあるリアルなものを「見て」下さい。

　次のステップではこれをさらに発展させます。頭の中にもう一度あなたの姿を映し出すのですが、今度は車を運転しているあなた、新しい家で暮らしているあなた、試験に合格しているあなた、満足のいく仕事を手に入れているあなた、といった姿を映し出します。あなたが魔法の儀式ですべきことは、願う変化があたかもすでに起

こっているかのように視覚化することです。

　魔法において視覚化は、車のハンドルのような役割を果たします。視覚化することで、エネルギーを正しい方向に向けるのです。しかし、多くの人が視覚化の作業を難しく感じるようです。このため自然魔術ではよく、集中力を高めて視覚化するための手助けにシンボル、写真、絵といったものを使います。これらのツール自体にはさしてパワーはありません。しかし、集中力を高めるためにこれらを使うことで、願いをパワーに焼き付け、パワーを目標に向けることができるのです。

魔法の儀式

　魔法の儀式とは願う変化を起こすために、道具を使ったり、視覚化をおこなったり、心の中を動かしたりという、一連の動きのことです。魔法の儀式のほとんどに宗教性はありませんが、しばしばシンボルを使ったり、何か象徴的な行動や言葉が伴ったりします。

　魔法は魔法であり、魔法でしかありません。古くから伝わる魔法も、新しく自分で作った魔法（19.「自分だけのオリジナル魔法の作り方」参照）も、その効力になんら変わりはありません。しかしあなたの願いを叶えるために、魔法は次の三つのことをおこなえるものでなければなりません。

1．パーソナルパワーを引き出す（さらに、自然魔術では、そのパワーを地球のパワーと一体化させる）。

2．視覚化を通して、そのエネルギーを一定方向に向かわせる。

3．そしてそのエネルギーを解き放つ。

　この本ではあらゆる種類の魔法を紹介しています。それぞれの魔法は、これら三つのことを実践するように作られています。しかし、魔法に必要なのはこれだけではなく、魔術師の腕が必要です。魔法は魔術師の手にかかってこそ、真の魔法の力を発揮するのです。そして魔法の練習を始めたあなたはもう、立派な魔術師です。

チャージする

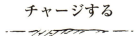

　これは自然魔術特有のものです。チャージとはパーソナルパワーを特定のものや場所（例えば桶に入った水、キャンドル、葉など）に送ることです。何かにチャージするためには、まずチャージしたい物に陽の手をかざし、あなたの願いを視覚化します。そして震えがくるぐらい筋肉を緊張させてあなたのパワーを高め、そのパワーを陽の手から目的の物に向かって押し出すのです。
　とてもシンプルですね。

呪文を唱える声

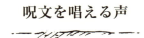

　魔法の呪文やパワーを秘めた言葉を唱える時はできるだけ力強く、自信に満ちた声を出して下さい。小さな声は言葉の効力を下げてし

まいます。言葉は、未知の存在や神のためではなく、あなたのためにあるものです。自信をもって、できる限り力強く声を出しましょう。

もちろん密やかにささやかないといけないような状況もあるでしょう。そのような時はできる限りの感情を言葉に込めましょう。そうすれば変わらない効果を得られます。

言葉を正確に言えなくても気にしないで下さい。何か言い忘れたくらいでは呪文の効果は変わりません。でもあなたが集中力を欠き、どもってはっきり視覚化ができなくなったと感じた時は中断した方がいいでしょう。少し前の呪文に戻り、再び言い直して下さい。

魔法の中には言葉を使わないものもあります。実際、自然魔術においては視覚化することの方が呪文を唱えることよりもはるかに重要です。言葉は人を目的地に運ぶ車のようなものです。あなたを目的地に導くための手段であって、決して目的地そのものではありません。言葉はあなたのパーソナルパワーを強め、感情を高め、そして視覚化をより明確にするためにあるのです。

儀式の準備

次に挙げるのは自宅で魔法の儀式をおこなう際に気をつけるべき点のリストです。多くの儀式はどこでもおこなえますが、屋外だとさらに効果的です。海岸でおこなえば、電話のコンセントを抜く必要もありませんからね！

1. 儀式の間、邪魔が入らないように確認して下さい。例えば、玄関を閉めて鍵をかける、カーテンを閉める（窓越しに外から中

が見えないようなら必要ありませんが)、電話線を抜く(あるいは留守番電話の音量を最小にしておく)、同居人に邪魔されたくないことを伝えておくといったことです。そうすることで、あなたは集中でき、儀式の途中で誰かが入ってくる心配もしなくて済みます。必要ならば、儀式は夜の遅い時間におこないましょう。皆が寝静まった時間が最適です。

2．儀式の前に身支度をして下さい。風呂もしくはシャワーに入り、できれば綿製の清潔な服を身に付けます(自然魔術をおこなう時はできるだけ化学繊維の服は避けましょう)。ローブなど儀式用の服は不要です。あなたが快適と感じるならば、服は着なくてもいいでしょう。

3．あなたが願っていることが、心から望み、かつ現実味があるものかどうかを確認して下さい。もうすでに一度確認していると思っても、願う内容と儀式が本当に合っているかどうか再確認し、合わない場合は例え儀式の直前であったとしても儀式の内容を変えることを検討しましょう。魔術師の中には願いの裏にひそむ問題の本質と解決方法を見極めるために、儀式前に必ず占い(用語集参照)をおこなう人もいます。しかし、あなたが自分のために魔法をおこなうのであれば、願いの本質についてよく理解しているはずなので、事前の占いは恐らく不要でしょう。

4．儀式を始める前に深呼吸をすると気持ちが落ち着き、身体的にも準備が整い、願いに集中できます。

儀式をおこなう

1．必要な道具を集めて下さい。

2．しばらくリラックスして座りましょう。深く息を吸い、集中し、これから起こしたい変化を思い描いて下さい。全ての問題を忘れ、解決策だけを考えましょう。

3．道具を使う段階に入ったら、願いを視覚化しましょう。必要に応じて道具にパーソナルパワーをチャージして下さい。

4．必要な言葉や歌があったら唱えて下さい。

5．筋肉を緊張させ、あなたの身体の中にあるパーソナルパワーを高めましょう。さらに、自然の道具に陰の手をかざしたり、それらをつかんだりなど、個々の魔法のために選んだ手順に従って、その道具からもエネルギーを引き出します。

6．パワーがピークに達し、保持することが限界に達したと感じたら、そのパワーを解放しましょう。体から陽の手に抜けるようにパワーを押し出し、体の筋肉をリラックスさせます。そのパワーをキャンドル、石、火、コップの中の水といった物に送り出しても構いません。エネルギーが魔法の力を発揮するために、体から離れるのを感じ取って下さい。

7. 効果が現れるまで魔法の儀式を続けましょう。

なぜ危険を冒す？

　ここで私が言及したいのは、他でもない邪悪な魔法についてです。魔法にはいくつかルールがありますが、これらは極めてシンプルで、守るのは難しくありません。

・他人を困らせたり、いら立たせたり、傷つけたり、害を及ぼしたり、あるいは殺すような目的で魔法を使ってはいけません。

・他人を惑わせたり、感化したり、操ったり、コントロールするために魔法を使ってはいけません。

・特定の人の愛情を勝ち取る目的で魔法を使ってはいけません。

・特定の人から性的な欲求を満たしてもらうために魔法を使ってはいけません。

・あなたの魔法を売るようなことはしてはいけません。

・あなたのエゴを満足させるために魔法を使ってはいけません。

・どのような魔法でも（例えそれがその人にとって利益があったとしても）、本人の許可なく魔法をおこなってはいけません。

これらは、私が作ったガイドラインではなく、経験のある魔術師が何千年もかけて構築したものです。これらのガイドラインは、魔法はポジティブで、個人的な変化を起こすための素晴らしい道具であるという考えに基づいています。前述したような誤った目的に使えば、魔法は悪の道具と化してしまいます。

　魔法とはあなたが作りだすものです。そして魔法はあなた自身に影響を及ぼします。もしあなたが他人を操るために魔法を使えば、誰かがあなたを操ろうとするでしょう。もしあなたが他人を傷つけるために魔法を使えば、誰かがあなたを傷つけるでしょう。さらに、もしあなたが自分のエゴを満足させるために魔法を使ったら、何かによってその計画は潰されるでしょう。魔法を悪用すれば、このように必ずしっぺ返しを食らいます。

　悪いエネルギーを集めると、それはあなたの中に蓄積されていきます。そしてやがてあなた自身が自分の魔法の被害者となるのです。邪悪な魔法の危険性は、おわかりいただけましたね。それでも危険を冒しますか？

他人のための魔法

　他人に魔法をかけてあげても構いません。しかし、必ず本人の許可をきちんと得てからにしましょう。おかしいと思うかもしれませんが、これはシンプルなコンセプトに基づいています。たとえそれが親しい友人であり、あくまで善意であっても、他人に魔法をかけることは人を操ることになります。本人の同意がないまま魔法をかけることは、すなわち魔法のルールに反することに当たるのです。

友人に魔法をかけたいのであれば、魔法で得られるような効果を果たして本人が求めているのかどうかを聞いた方がいいでしょう。たとえ友人でも他人の生活は意外にわかりづらく、言葉や行動の意味を誤解してしまうことも少なくありません。勝手に思い込んでいる状況を改善するために魔法を使うことは私たちの時間とエネルギーの無駄になります。それよりもその本人と話をし、状況をよく知り、幸運を祈る方が、キャンドルやハーブを取り出すよりもはるかにいい場合もあります。

　魔法とは本来、自分に変化をもたらせるための道具です。私たちは魔法を、自分たちの生活をより良いものにするために使うのです。もちろん他人に良い効果をもたらすことも可能ですが、そのためには必ず許可を取らないといけません。

魔法に満ちた生活

　この本は私たちをとりまく世界に関わる魔法や、そのような魔法の儀式に関する本です。自然魔術やそれに類似した魔法をおこなうと、多くの人には新しい発見があります。終わりのない試練、失望、失敗の連続として見ていた人生が喜びに満ち溢れます。他の人や生物、地球、そして地球が生み出したもの全てとつながり、それらに祝福されていると感じるようになります。

　自然魔術はそれができるのです。私たちを新しい経験に導いてくれます。そして、常に私たちのすぐそばにある、例えば雲を隠す満月、潮の優しい満ち引き、種をこぼしながらまばゆいばかりに立ち並ぶひまわり、風の愛撫といったものに気づかせてくれます。

多くの魔術師は、このように今まで見えなかったものが見えてくることで、自分たちの人生には常に魔法が関わっていることに気づきます。魔法は私たち人間に共通した遺産なのです。この気づきと、魔法の実践によって、私たちは人生そのものが魔法のプロセスなのだということに確信を持ちます。そして、魔法に満ちた人生を始めることができるのです。
　魔法に満ちた生活とは決して1人で呪文を唱え、ハーブを集め、そして歌を歌うようなものではありません。それは、地球から生まれる、とらえがたい本物のエネルギーに気づき、自然の循環が私たちに変化を与えてくれるのを感じることです。さらに、世界を構成し、私たちに命を与えてくれる計り知れないパワーに、私たち人間が敬意を払うことなのです。
　私たちは働き続け、愛する人たちを気づかい、日々の営みを続けるでしょう。しかしそれだけではなく、魔法の力で人々が笑顔の花を咲かせるのを見ることができます。また、私たちが木を植える時には地球からの感謝の気持ちを感じます。そして太陽が西の地平線に沈む時には風が歌うのを耳にするでしょう。
　魔法に満ちた生活は簡単に手に入ります。そしてそれは手に入れるだけの価値のあるものです。なぜなら、この素晴らしい魔法の領域においては問題が解決に、疑いが希望に、そして人生そのものがポジティブで、より幸福で満たされたものに変化していくからです。万が一魔術師が魔法から何も得られなくても、その努力にこそ価値があるでしょう。

3. 魔法で必要な道具

　自然魔術は魔法の中でも特にユニークなものです。だからといって、この魔法を実践するために、精巧に細工された剣やローブなどの儀式用の服、杖といったものを何年もかけて集めたり、作ったりする必要はありません。なぜなら、自然魔術で使う最も大切な道具は、空や私たちの足元にある大地、砂浜、砂漠などお金のかからないものだからです。

　一方で、魔法を実践するにはいくつか必要不可欠な道具もあります。それらの大半は簡単に手に入り、お金もほとんどかかりません。これらの道具の一部（例えばキャンドルや鏡）に関しては後で詳細に説明しますので、ここでは簡潔に説明しましょう。

　できればこれらの道具は魔法の儀式のためだけに使って下さい。準備のための特別な儀式をおこなう必要はありません。

　ここに紹介するのは自然魔術で最もよく使われる道具と必要な物のリストです。

・ハーブや紡ぎ糸を切ったり、キャンドルにシンボルを刻んだりするためのナイフ。伝統的には白い柄が好まれますが、どのようなものでも構いません。手近なものを使って下さい。

- 小さなボウル。水やハーブなど魔法に必要なものを入れるために少なくとも２、３個は小さなボウルが必要です。儀式によってはもっと大きなボウルや皿、その他の一般的な食器類が必要になることもあります。

- 紙を切るための小さなハサミ。

- キャンドルスタンド。金属かガラス製のものを選んで下さい。

- ハーブの保存や儀式に必要な様々な物を入れておく、ふたのあるガラス瓶。

- ローズマリー、クローブ、セージ、乾燥させた、またはフレッシュなローズ、バジル、シナモン、タイム、そのほか魔法によって使い分ける様々なハーブ類。儀式によってはただの「葉」、あるいは「花」が必要なこともあり、その場合はどのようなものでも使えます。この本で使われるハーブはどれも簡単に入手可能です。

- キャンドル。必要な時のために赤、ピンク、オレンジ、黄色、緑、青、紫、白、黒、そして茶色と様々な色のものを用意しておきましょう。

- 石。砂浜や川の中で見つけた小石、もしくは地面に転がっているようなもので構いません。魔法によっては特殊な石を必要とすることもありますが、どれも高価なものではありません。

・多くの魔法で布が必要となります。綿が最適ですが、なければフェルトでも代用できます。7色の虹の色の布を用意しましょう。

・布やキャンドルを縛る糸。木綿やウール製の糸の方が（魔法的には）合成繊維のものより効果があるようです。

・キャンドルに火をつけるためのマッチ（ライターには同じような魔力はありません）。

・紙。用途に合わせたシンプルな白い紙、あるいは様々な色の紙。

・魔法のシンボルを描くための鉛筆とペン。

・物を燃やしたり、火を入れておいたりするための大釜、もしくは鉄製の鍋。またマッチの燃えさしを入れるための小さな金属製のカップ。

他にも儀式によっては粘土、様々な色の砂、風鈴、丸または四角い鏡、氷のキューブ、雪など色々なものが必要となりますが、これらのものはたまに使われるだけなので、事前に準備しておく必要はありません。

魔法をおこなう場所

最後に必要なのは、魔法をおこなう場所です。「祭壇」と呼ばれ

ることもありますが、宗教的な魔法をおこなうのでなければこれは正しい表現ではありません。魔法をおこなう場所は、エネルギーを集め、魔法的な変化を起こす強力なスポットです。

　その場所は、森の中の人目につかない場所、お気に入りの木の下やサボテンのそば、砂浜、あるいは秘密の洞窟など、どこでも構いません。ただ一般的には自宅の庭、自分の寝室の隅など、自分の家から近いところが魔法に使われることが多いようです。重要なのは、お気に入りの場所を決め、できる限りその場所で呪文を唱えたり儀式をおこなったりすることです。

　室内でおこなう儀式は大抵テーブルか、それに代わる平らな面を必要とします。ドレッサーの上でもいいし、テーブルや床の上でも構いません。そこでキャンドルを燃やし、砂にチャージし、シンボルを描きます。

　屋外で呪文を唱える機会も多いでしょうが、室内で儀式をおこなう場合は、場所を1か所に決めておくと(たとえそれがあなたのベッドの脇だとしても)、魔法の効果が高まります。

　儀式の前には必ずその場所をきれいにして下さい。

　屋外での儀式の場合はあまり多くの道具を必要としません。自然魔術の最も強力な道具はあなた自身、湖、砂漠、山、砂浜、森、そしてその他のパワーを発するものだからです。

　以上が魔法で必要な道具です。愛情、敬意、知恵を持ってこれらを使うようにしましょう。

4. 4つのエレメント（四大元素）

　まだ若かった頃、学校でよくドキュメンタリー映画を観ました。当時は学校で映画が上映される時間は、いつもの「決まりきった」授業から一息つける楽しみをもたらしてくれました。ウォルター・クロンカイト（訳註：アメリカのジャーナリスト、アンカーマン）の「あなたはそこにいます」という決まり文句を聞きながら、あるいは目もくらむような色彩の中、小さいながらも獰猛な生き物同志が、お互いを貪り食う様子を横目に、私たちは居眠りをしたものです。それでも中には興味深い映画もあり、私は川、山、火山、海、そして天候に関する映像を食い入るように観ました。

　特によく覚えている映画があります。川の浸食によって峡谷が作られる様子が説明された後、画面には鋭い崖や、壮大な山々が広がり、「エレメントがどのようにしてこれらの山を創り出していったかをご覧ください」というナレーションが流れました。

　これが、私とエレメントとの出合いでした。そのナレーションでは風、水と太陽について話し、さらにいかに天候が私たちの自然を形作り、そして変えていくかという解説をしていました。しかし私にとって強烈だったのは「エレメント」という言葉で、それ以来、その言葉は私の心に永遠に刻まれることとなりました。

それから何年か経ち、私はその言葉の由来を知りました。
　エレメントとは単に天候を指すのではなく、宇宙を創造した４つのエネルギーを指していることを学びました。この考えは大昔に誕生し、古代ギリシャ人によって確立され、そして今でも多くの魔術師によって支持されています。
　私がこの本を『Earth, Air, Fire & Water』(本書の原題：土、風(ふう)、火、水)と名付けたのも、４つのエレメントである四大元素を意識してのことです。この本に登場する儀式は何らかの形でこれら４つの宇宙のエネルギーと関わっています。この章では、それぞれの四大元素についてその基本的な性質や関連のある道具、またシンボルや儀式の種類、その他エレメントの魔法に関するあらゆる情報について解説します。四大元素を理解するには、何よりもまずそのエレメントと向き合ってみることなので、説明はなるべく短めにしましょう。
　四大元素は、私たちの生活のために欠かせません。それぞれがポジティブな要素とネガティブな要素を持ち、また、お互いを影響し合う働きを持っています。土は水がなければ乾いてしまうし、火がなければ冷えてしまいます。また風(ふう)に包まれていなければ地球は死んでいるも同然です。四大元素は生命を創造し、維持するために互いに調和し合っています。
　四大元素の形には、物理的な形（例えば手のひら１杯分の土とか）と、あいまいな物理的でない形があることを覚えておいて下さい。また、全てのエレメントはアーカーシャから生まれることも心にとめておく必要があります。アーカーシャとは全てのエネルギーの源ですが、このことについてはこの章の最後に改めてお話ししましょう。

土

　土は私たちにとって母といえます。肥沃な農地のような土もあれば、湿った土や砂のように乾いている土もあります。一方で、例えば石のような物理的な形になると、土は四大元素の中で最も高密度なものとなります。

　土に手を置いてみて下さい。そのどっしりとした安心感、そして土くささを感じて下さい。肥沃な土壌で私たちは食料を育ててきたことを、土の上で生活してきたことを、そして土の下に死者を埋葬してきたことを理解しましょう。

　私たちは地球なくしては存在できません。しかし、この惑星は土のエレメントが形となったものに過ぎません。土のエネルギーは私たち自身の中にも、また広くいえば宇宙にも存在します。

　土から連想されるシンボルを記しました。最も基本となるこのエレメントについて考えてみましょう。

・**基本的性質**………肥沃、潤い、栄養を与える、安定、基礎。重力はこのエレメントが形となったものです

・**エネルギーの種類**…受動的

・**色**………………緑（生きた植物の色）

・**場所**……………洞窟、峡谷、地面の裂け目、森、木立ち、谷、野原、農園、庭園、森林公園、公園、種苗店、

　　　　　　　　　　マーケット、キッチン、託児所、地下、鉱山、
　　　　　　　　　　穴

・儀式の目的…………金、繁栄、多産、安定、グラウンディング（地
　　　　　　　　　　に足を付けて現実世界を生きること）、雇用

・儀式の方法…………埋葬、植樹、土や砂にイメージを植え付ける
　　　　　　　　　　こと

・ハーブ………………例えばパチョリやベチバーといった土の匂い
　　　　　　　　　　のする植物、苔や地衣類（藻類と共生してい
　　　　　　　　　　る菌類で苔類に似た外見をしている）、ナッ
　　　　　　　　　　ツ類、乾燥して固い植物、どっしりとして丈
　　　　　　　　　　の低い植物、植物の根全般

・石……………………石炭のように重くてくすんだもの。エメラル
　　　　　　　　　　ドやペリドットのような緑色のもの

・金属…………………アイアン（鉄）、リード（鉛）

・楽器…………………ドラム、全てのパーカッション

・生物…………………犬、馬、ミミズ、ホリネズミ、アリ、牛、
　　　　　　　　　　穿孔生物（木材、岩石、貝などに穴を開けて
　　　　　　　　　　住む生物）

・季節……………………冬（闇の時）

・方角……………………北（暗黒の場）

・時間……………………夜

・魔法に使う道具……ペンタクル（木製、金属製、あるいは粘土でできた円盤の５か所にとがった星が切り刻まれたもの）

・人生における時……高齢期

・占星術のサイン……おうし座、おとめ座、やぎ座

・感覚……………………触れる

・自然のシンボル……塩、新しい土で作られた粘土製の皿、岩、小麦の束、どんぐり

・シンボル……………▽ ⊕ □

・属する魔法…………ガーデニング、磁石、イメージ、石、木、結び目、束縛

風
ふう

　科学者と魔術師ではこのエレメントに対して違った見方をするかもしれません。しかし、風は人間が生きる上で不可欠なものであるという考えに違いはありません。

　空気なくして私たちは生きられません。

　風は新しいものや知性をもたらす原動力です。目には見えませんが、私たちが日々吸っている様々な気体が混ざったものです。魔法の世界では、風は精神をつかさどり、知力を引き出すパワーでもあります。

　空気の新鮮なところで深呼吸をしてみて下さい。落ちている鳥の羽に触ってみましょう。重厚な香りを放つ花の匂いをかいでみましょう。複雑に入り組んだ葉をよく見てみましょう。このエレメントが持つ不思議な力に触れてみて下さい。もちろん、私たち自身も風のエネルギーを持っていることも忘れないで下さい。

　次に記すものが、風から連想されるものです。

・基本的性質…………飛ぶ、動く、新鮮、聡明、浮遊。音は風のエレメントが形となったものです

・エネルギーの種類…投影的

・色………………………黄色（太陽や夜明けの空のような黄色）

・場所……………………山頂、風にさらされた平原、曇った空、高い

　　　　　　　　　　塔、空港、学校、図書館、オフィス、旅行代
　　　　　　　　　　理店、精神科医の診療室

・儀式の目的…………旅行、指示、勉強、自由、知識、失ったもの
　　　　　　　　　　を取り戻すこと

・儀式の方法…………空中に物を投げる、高いところに道具をかけ
　　　　　　　　　　る、軽いものをあおいで空中に留めておく、
　　　　　　　　　　視覚化、ポジティブな考え

・ハーブ………………多くの花から醸し出される香り。ディルのよ
　　　　　　　　　　うに料理用で強い香りを持つもの。ふわふわ
　　　　　　　　　　とした、細かい葉脈のもの、もしくは風にさ
　　　　　　　　　　らされたもの。葉全般

・石……………………軽石のように軽い石。マイカのように透明な
　　　　　　　　　　石

・金属…………………ティン（スズ）、コッパー（銅）

・楽器…………………フルート、全ての管楽器

・生物…………………クモ、ほとんどの鳥、羽のある昆虫

・季節…………………春（新鮮な季節）

- 方角……………………東（日の出の場所）

- 時間……………………夜明け

- 魔法に使う道具……杖

- 人生における時……幼少期

- 占星術のサイン……ふたご座、てんびん座、みずがめ座

- 感覚……………………聴覚、嗅覚

- 自然のシンボル……羽、お香の煙、香り高い花

- シンボル……………△ ⊙ ⚶

- 属する魔法…………予言、集中、視覚化、風を使った魔法

火

　火は創造者であり破壊者でもあります。私たちの家を温め、食べ物を調理し、そして情熱を刺激します。火は他のエレメントと異なり、何かを燃やさなければ物理的な形を保てません。そして、その燃やす対象を熱、光、灰、煙というように他の形に変えていくのです。よく晴れた日の昼時に、外に出て温かい岩の上にあなたの陰の手を

かざしてみて下さい。燃える火から立ち上がる煙の匂いをかいでみて下さい。キャンドルの炎を見つめて下さい。火がもたらすエネルギーに集中し、そのエネルギーが私たち自身にも内在していることを感じて下さい。

しかし、火をコントロールできなければその恩恵は受けられません。キャンドルに火を灯す時、私たちは火のパワーを求めますが、一方でそのパワーの制限もします。これは物理的に火をうまく使いこなすためには必要なことです。そして、荒れ狂う森林火災など抑えられていないように見える火のパワーも、実際には下生えを一掃し、発育の悪い種に新しい生命を吹き込むという役割を担いながら地球を助けてくれているのです。

次に記したものが、火から連想されるものです。

・基本的性質…………浄化、破壊的、清め、エネルギッシュ、セクシュアル、力強さ。熱は火のエレメントが形となったものです

・エネルギーの種類…投影的

・色………………………赤（炎の色）

・場所…………………砂漠、温泉、火山、オーブン、暖炉、寝室（セックスのための）、トレーニングルーム、ロッカールーム、サウナ、陸上競技場

・儀式の目的…………守護、勇気、セックス、エネルギー、力、権

　　　　　　力、消極性を打ち消すこと

- **儀式の方法**…………燃やす、あるいはいぶす。温める

- **ハーブ**………………ひりひりさせるもの、とげのあるもの、あるいはアザミや唐辛子、ブーゲンビリアのような「熱い」もの。サボテンのように砂漠に生えているもの。コーヒー豆のように興奮させるもの。種子全般

- **石**………………………ジャスパーのように赤く燃えるような色のもの。溶岩のように火山性のもの。水晶のようににごりのないもの

- **金属**……………………ゴールド、ブラス（真鍮）

- **楽器**……………………ギター、全ての弦楽器

- **生物**……………………ヘビ、コオロギ、トカゲ、カマキリ、てんとう虫、ミツバチ、サソリ、サメ

- **季節**……………………夏（熱を象徴する季節）

- **方角**……………………南（熱を象徴する方角）

- **時間**……………………真昼

・魔法に使う道具……ナイフ

・人生における時……青年期

・占星術のサイン……おひつじ座、しし座、いて座

・感覚………………視覚

・自然のシンボル……炎、溶岩、温められたもの全般

・シンボル…………△◬🔥

・属する魔法………キャンドル、嵐、時間、そして星

水

　水は浄化、ヒーリング、精神、そして愛のエレメントです。水は、私たちの気持ちが高揚すると体を巡り、泳ぐと体を支えてくれ、脱水状態になると私たちを救ってくれます。日が暮れたら、露が植物の埃を払い落とします。また、暴風雨（水のエレメントの一つの形）は、地球上を水浸しにします。

　美味しい水を味わってみて下さい。小川、湖、プール、あるいはボウルに入った水の中であなたの手を動かしてみて下さい。その冷たく流れるような液体、やわらかい手触りを感じて下さい。水が少しずつプールにしたたり落ちる音を聞いて下さい。このようなこと

をしてみると、私たちの体内にも水のエネルギーがあることを思い出すことができるでしょう。

　水のエネルギーには愛の性質が含まれているため、このエレメントは私たちの幸福には欠かせません。愛は全ての魔法の基盤となるものです。水とはまさに、愛なのです。

　次に記したものが、水から連想されるものです。

・**基本的性質**…………流れる、浄化、ヒーリング、気持ちを落ち着かせる、愛情に満ちた

・**エネルギーの種類**…受動的

・**色**………………………青（深い水の色）

・**場所**……………………湖、泉、水路、小川、砂浜、海、井戸、プール、バスタブ、シャワー、寝室（睡眠のための）、スパ、スチームバスルーム、噴水

・**儀式の目的**…………浄化、愛、潜在意識、夢、睡眠、平和、結婚、友情

・**儀式の方法**…………薄める、水に浸ける、洗い清める、水浴

・**ハーブ**………………スイレンや海藻のような水生植物。多肉植物やレタスのようにやわらかい植物、バラやクチナシのように愛らしい植物。花全般

- 石……………………アメジストやアクアマリンのような透明、半透明な石。ブルートルマリンのような青い石

- 金属…………………マーキュリー（水銀）、シルバー（銀）、コッパー（銅）

- 楽器…………………シンバル、ベル、全ての反響する金属物

- 生物…………………猫、カエル、カメ、イルカ、クジラ、カワウソ、アザラシ、ジュゴン、ほとんどの魚と甲殻類

- 季節…………………秋（収穫の季節）

- 方角…………………西（太陽が沈む方角）

- 時間…………………たそがれ時

- 魔法に使う道具……コップ、大釜

- 人生における時期…成熟期

- 占星術のサイン……かに座、さそり座、うお座

- 感覚…………………味覚

- 自然のシンボル……貝殻、コップに入った水

- シンボル…………▽⊖〰

- 属する魔法…………海、氷、雪、霧、鏡、磁石

アーカーシャ

　四大元素は、不変不動で全てのエネルギーの源であるアーカーシャから生まれます。アーカーシャは可能性の領域に関連し、約束、まだ誰も通ったことのない道、未完成の小宇宙、そして宇宙空間と関わりがあります。

　アーカーシャは私たちの体内にも存在しています。人生のきらめきや「魂」と呼ばれる未知の力は、肉体に宿るアーカーシャのエネルギーによるものだと考える人もいます。

　アーカーシャは地球に象徴的に存在しているのだと考えられることもあります。また、しばしば四大元素の母（女性の創造神）と見られています。アーカーシャは自然魔術とはあまり関わりがありませんが、その本質は理解しておく必要があります。

　本来、アーカーシャとは存在しない無の状態を表します。宇宙の至るところに広がるそのエネルギーは、それでいて、いかなる形にも物質にもなっていないのです。アーカーシャは四大元素を創造し、そこにエネルギーを注ぐ、重要なエネルギー源なのです。

　そのため、アーカーシャは土、風、火と水の四大元素全ての要素を兼ね備えたエネルギーを持っています。次に記したアーカーシャから連想されるもののリストは、その普遍的な性質について述べているだけで、決して魔法に使うことを目的としていません。

- 基本的性質…………人知を超えた

- エネルギーの種類…投影的かつ受動的

- 色……………………紫あるいは黒

- 場所…………………宇宙空間、真空、虚空

- 儀式の目的…………本質的に宗教的

- 儀式の方法…………なし

- ハーブ………………なし

- 石……………………なし

- 楽器…………………なし

- 生物…………………なし（一方で全てとも言える）

- 季節…………………全て（一方でどれも違うとも言える）

- 方角…………………北、東、南、西。そしてその内外、上下。さらに方向、範囲を全く欠いたもの

- 時間…………………永遠の星明り

- 魔法に使う道具……なし

- 人生における時……受胎前。魂の状態

- 占星術のサイン……なし

- 感覚………………なし

- 自然のシンボル……なし

- シンボル……………なし

- 属する魔法…………宗教的

5. 準備の儀式

　魔術師の中にはメインの儀式の前に簡単な準備の儀式をおこなう人がいます。準備の儀式は魔術師に適切な心構えをもたらすことを目的としています。心構え（私はかつて儀式的意識と呼んでいましたが）ができると、魔術師は地球がもたらす自然の力と、自分自身の内なる力を意識します。このような意識は、どのような魔法を実践するにも必要になります。

　準備の儀式をおこなうことで、私たちの内にある魔法に必要なものを呼び起こします。意識、身体、そして心を整え、パーソナルパワーを高め、この後に控える儀式に備えます。

　このような準備の儀式は必ず必要なものではありませんが、必要だと感じればおこなうとよいでしょう。これらの儀式は本質的に宗教的なものではありませんが、特定の宗教を好む人であれば、信じる宗教の言葉を少し変えて儀式に含めてもいいでしょう。

　ここで紹介するのは２種類の儀式です。一つ目は四大元素と調和した一般的な儀式で、もう一つは真夜中におこなう儀式です。三つ目の海と調和する準備の儀式は18.「海の魔法」で紹介したいと思います。

一般的な準備の儀式

　必要なものはあなた自身、小さな石1個またはボウル1杯の新鮮な土、どこかに落ちていた鳥の羽、キャンドル、そしてボウル皿1杯の水だけです。
　魔法をおこなう場所に立つか座るかして下さい。もちろん1人で、静かな家の中でおこないましょう（この儀式は室内が望ましいです）。
　石またはボウルに入れた土をテーブル上の北の位置に置きましょう。そして羽は東に、キャンドルは南に、皿に入れた水は西に置きます。それぞれのものは大体15センチずつほど離しましょう（方角を確かめるために方位磁石が必要かもしれません。あるいは太陽は東から昇るので、それで方角がわかるはずです）。
　深呼吸して下さい。陽の手で土や石に触れ、そして次のような言葉を唱えて下さい。

　私は安定、基盤、繁栄の力を呼び起こす

　土に触れながら、そのパワー感じて下さい。湿り気があり、ひんやりとしながらも肥沃さが伝わる感触、そしてやわらかく、それでいて力強い表面を感じて下さい。土からあなたの手に向けてパワーが放出される様子を視覚化して下さい。
　次に、優しく羽に触れながら、次のような言葉を唱えて下さい。

　私は新鮮、思考、活動の力を呼び起こす

風があなたの中を通り過ぎるのを感じて下さい。本当に感じるのですよ。
　それから、あなたがこれまで見たこともないほどきらきらと輝く空を視覚化して下さい。
　次に、下記のような言葉を唱えながら、キャンドルの上で、炎の温かさが感じられるくらいの位置に手のひらをかざして下さい。

　私は変化、愛、情熱の力を呼び起こす

　繰り返しますが、気持ちのこもっていない呼びかけではいけません。激しく燃えるたき火を想像して下さい。家族や友人に対する愛を思い起こして下さい。肌に伝わる夏の太陽の熱を感じて下さい。
　そして、水に触れ、このような言葉を唱えて下さい。

　私は愛、浄化、癒しの力を呼び起こす

　自分が滝を滑り落ちている姿や泳いでいる姿を想像して下さい。あなたの鼻に、雨粒が当たる様子を感じて下さい。その感覚にたっぷりと浸かりましょう。
　最後に、全部の物の上に、手のひらを下に向けてかざし、このような言葉を唱えて下さい。

　土から、石から、
　風が吹きさらす空から、
　燃え立つ火山から
　水のため息から

私は今、エレメントの力を
一体化させたパワーを呼び起こす
それぞれの源から、
今この時、この場に現れたまえ！

　それぞれのエレメントを象徴する道具の上で、円を描くように両手を時計回りに動かしながら、これらの言葉を唱えて下さい。

土よ、私の魔法に力を与えよ！
風(ふう)よ、私の魔法に力を与えよ！
火よ、私の魔法に力を与えよ！
水よ、私の魔法に力を与えよ！

これで終わりです。

高まったパワーのための真夜中のチャント（詠唱）

　これは真夜中におこなう魔法の儀式です。真夜中は平穏で、魔法の力が伝わりやすい時間です。決してネガティブなものや悪魔的儀式のための時間ではありません。
　夜が怖いという人もいます。しかし一般的に私たちは夜を恐れているのではなく、夜に待ち受けていると信じ込んでいるものを恐れているのです。夜は決して悪の時間ではありません。夜は双子である昼の片割れであり、月と星たちの領域でもあります。大抵の人が寝ているため、伝統的に夜は魔法のパワーを引き出すことに向いて

います。妨げになるものが少なく、私たちの気持ちが落ち着いているからです。

　例えその後室内で儀式をおこなう場合でも、これから紹介する儀式はできれば屋外でおこないましょう。屋外が無理であれば、窓を開け放した部屋の中でも構いません。

　真夜中を迎える数分前に屋外に出て、インク色に染まった空虚な夜の世界に包まれて下さい。両足を少し広げて立ち、両手を挙げて下さい。穏やかで、かつ力強い夜のエネルギーがあなたの意識に浸透していくのを、あなたの体を通り抜けるのを、そしてあなたの髪をなでるのを感じて下さい。

　3回大きく深呼吸しましょう。耳を澄まし、待ちましょう。暗い夜空を見つめて下さい。月や雲が出ているようだったらそれらを眺め、そうでなければ星を見つめて下さい。落ち着き、心の準備を整えて下さい。

　あなたの意識を、夜の世界に解き放ってください。夜があなたを包み込み、その永遠のエネルギーで抱擁し、あなたを変えていくのを感じて下さい。

　夜のパワーを呼び寄せるために、落ち着いた、ささやくような声で次のような言葉を唱えて下さい。

　ああ、真っ暗な天空を回る星よ
　ああ、光から隠れるパワーよ
　暗い地表に黒くうず巻き
　夜に隠された秘密
　漆黒の宝とふくろうの甘い鳴き声
　ああ、旋回する空にこだまする、

深くおぼろげな旋律を持つ、忘れがたき力よ
ああ、あなたが進む困難な道よ、
あなたの暗い光と共に来たまえ！
あなたの魔法のパワーで私を満たしたまえ！
あなたの持つ秘密の力で私を包み込みたまえ！
この神秘の時にここに現れたまえ！

　両腕を体の横に下げます。
　恐がってはいけません。土の持つ冷たいエネルギーはあなたを傷つけるようなことはしません。喜んでそのエネルギーを受け入れましょう。夜、空、そして土があなたに与えたパワーを吸収し、あなたの中で起きた驚くべき変化を感じて下さい。
　北を向き、両手を上げて土に敬意を示しつつ、四大元素に感謝して下さい。東を向いて風(ふう)を、南を向いて火を、そして西を向いて水を称えて下さい。
　次に、まるで夜そのものに届かせるように両手を頭より遥か高くまで上げた後、あなたの足元にある地面に軽く触れて下さい。
　時が来ました。真夜中のパワーがあなた自身の中でみなぎります。さあ、あらゆるポジティブな魔法をおこなう準備が整いました。

第二部
四大元素の魔法

PART II
Elemental Magic

6. 土のパワー

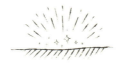

　冬の間、土は深い雪の層の奥底に隠れています。しかし春になると、湿った土は種子に豊かな栄養を与えようとやっきになります。夏には太陽の下で焼かれ、秋になると赤、オレンジ、黄色、そして茶色の葉に埋め尽くされます。

　土は私たちの母です。土のパワーを使う儀式をおこないながらも、時には土にエネルギーを戻しましょう。エネルギーを戻すための簡単な儀式についてはこの章の最後に述べます。

　もしあなたがアスファルトの道路に埋め尽くされた大都市に住んでいるのであれば、土の魔法を実践するために何度か郊外に出かけましょう。小川や川、あるいは砂漠に行って砂を集めましょう。大切なのは土と波長を合わせ調和することです。そうすれば土はあなたが求めているものを与えてくれるでしょう。

◆観葉植物を元気に育てる魔法

　私はこれまで植物やハーブに関してたくさんの本を書いてきました。しかし、その度に書き忘れたことを思い出すのです。これから書くのはそんなことの一つです。

　家の中で育てられる植物は、世話をしてくれる人に生命を完全に

ゆだねています。私たちが心を込めて世話をすれば、植物は元気に育ちます。もちろん、植物はちょうどいい量の日光、水、そして肥料を、ちょうどいい時に受ける必要があります。
　植物が元気に育つ魔法に必要なのは、

・鉢植えの植物
・鉛筆、もしくは緑色のペン
・2.5センチ四方の紙
・少量の水（使う植物がサボテンの場合は次の儀式を参照して下さい）

　植物を育てたい場所、もしくはその近くの平らな場所に鉢植えの植物と、前述した必要な物を全て置いて下さい。鉛筆、または緑色のペンを使って、小さな紙に生き生きと育った植物の姿を描きます。植物から出ているエネルギーの線をいくつも描き、植物からエネルギーが溢れ出ている様子を表して下さい。未来の元気な植物の姿を視覚化しながら描くことが大切です。
　次に絵が描いてある面を下にして、紙を優しく植物にかざしましょう。その際、愛情とエネルギーを注ぐことを忘れずに。そして次のような言葉をかけてあげましょう。

　この部屋で
　すくすくと成長し
　花は咲き乱れ
　葉はまっすぐに伸びよ
　青々とした植物よ

永遠に力強く
あなたのいるこの場所で
今、育ちたまえ
この言葉によるパワーで
根は深く根付き、
枝は巻きついて上る
植物よ、育ちたまえ
今こそまさにその時だ！

　これらの言葉を唱える時は、過去の植物を育てた時の失敗を全て封印して下さい。そのような思い出は儀式のパワーを弱めるだけです。
　次に、紙を2回折って小さな正方形を作ります。そしてこの紙を、鉢の縁近くの土の中に埋めて下さい。その際、次のような言葉を唱えましょう。

　あなたにパワーを授ける！

　植物を新しい住みかに移し、水をやりながら次のような言葉を唱えます。

　あなたに命を授ける！

　空になった水差しを置き、植物の上で両手のひらを下向きにかざし、次のような言葉を唱えます。

あなたに愛を授ける！

これで植物は美しく育つでしょう。

◆鑑賞用サボテンを元気に育てる魔法
　サボテンももちろん植物ですが、他のものとはあまりに異なるので特別な儀式を考えました。必要なのは、

・鉢植えのサボテン
・鉛筆、もしくは緑色のペン
・2.5センチ四方の紙
・皿
・一握りのきれいな砂

　この儀式で最初にやることは先ほどの儀式とほとんど同じです。紙の上に溢れんばかりの生命力を放つあなたのサボテンの絵を描きます。元気いっぱいなサボテンの姿を視覚化しながら描きましょう。
　次に、絵を描いた側を上にした紙を皿に置き、その上に砂をかけて下さい。陽の手の指を砂の上に乗せます。サボテンを見つめ、その完璧な状態を視覚化しながら次のような言葉を唱えて下さい。

*不毛の地に生息する
しずくの秘密の番人よ
何者もその手で
あなたに触れることはできない
しかし私はあなたの心に触れよう*

この言葉によるパワーで
根は深く根付き
枝は巻きついて上る
サボテンよ、育ちたまえ！
今こそまさにその時だ！

　上にかけた砂をできるだけ落とさないように、慎重に紙を持って、その砂をサボテンの周りの土に時計回りにかけて下さい。紙をたたみ、鉢やプランターの縁近くの土の中に埋めて下さい。
　これでおしまいです。

◆ネガティブなものを封じ込める「砂の罠」
　これはネガティブなエネルギーがあなたの家に入り込む前に封じ込めるための「罠」をしかける簡単な儀式です。似たような道具やしかけを使った魔法が何世紀にもわたって世界中でおこなわれてきました。この儀式には次のものが必要です。

・スパイスを保存するような小さな瓶。これはガラス製であること。なぜならガラスは元々砂から作られているからです。この瓶をよく洗い、完全に乾かし、そしてラベルを全て取り除いて下さい。ぴったりと合うふたも必要です。

・２色の砂を同量ずつ。例えば細かい灰色がかった白色の海浜砂、黄色がかったサンゴ砂（メキシコ湾やハワイの海岸で見つかります）、砂漠のオレンジがかった砂、火山近郊の赤みがかった砂、黒い黒曜岩の砂など、他にも色々あるでしょう。あなたの魔法に

最適な砂を自然の中で探してみて下さい。あるいは水槽などを扱う店や園芸店、工芸品店で買ってもいいでしょう。ただし買う前に、その砂に人工的に色が付けられていないことを確認して下さい。

・スプーン（小さな瓶用のティースプーン、あるいは大きな瓶用のテーブルスプーン）

・砂を入れるための小さなボウル2個

　儀式を始める前に、まず1種類目の砂をちょうど半分ちょっとになるまで瓶に入れ、そしてその砂をボウルの一つに移して下さい。今後説明の中で、この砂のことを1番と呼ぶことにします。
　必要に応じて瓶をきれいにした後に、2種類目の砂も同様に瓶に入れます。その後、この砂をもう一つのボウルに移します。この砂を2番と呼びます。
　さあ、用意はできました。あなたの陽の手を1番の砂の上にかざし、よく見て下さい。砂が守護的かつ投影的なエネルギーによってざわめき、ゆらめくのを見て下さい。砂に触れ、優しくなでて下さい。砂が光り輝く白い明かりを放ちながらネガティブなものをおびき寄せ、内側に引き寄せる様子を視覚化しましょう。そしてそこにパーソナルパワーをチャージするのです。
　同様のことを2番の砂にも繰り返しましょう。
　そして瓶をあなたの前に置いて下さい。1番の砂を、スプーンにすり切り1杯すくい、そして次のような言葉を唱えながら、その砂を瓶の中に入れて下さい。

砂の罠よ、
病を封じ込めよ
災難と
悪の意思を封じ込めよ

　同量の２番の砂をスプーンに盛り、同じ言葉を唱えながら瓶の中の１番の砂の上に慎重にかけます。
　引き続き言葉を唱えながら、瓶がいっぱいになるまで砂を交互にかけ続けます。ふたをした時に中に入れた砂が全く動かなくなるくらいまで詰めるのが目安です。
　これで２色の砂の層が詰まった瓶が出来上がりました。これを両手にはさみ、視覚化しながらもう一度呪文を唱えましょう。

砂の罠よ
病を封じ込めよ
災難と
悪の意思を封じ込めよ

　砂の罠にパーソナルパワーを封入して下さい。そしてその瓶を家の外にある植物の間に置くか、土の中に埋めるか、あるいは（これは私のお気に入りの代替案なのですが）土がいっぱい入った植木鉢の中に埋めて下さい。それも不可能であれば日当たりのいい窓際に置くだけでも大丈夫です。
　ちなみに砂の罠の小瓶は魔法好きな友達へのプレゼントに最適です。相手の許可を得て作り、愛を込めてプレゼントしましょう。

◆傷ついた心を癒す、粘土の魔法

　少量の粘土が必要です。この魔法には赤い粘土が理想的ですが、どんな色の粘土でも構いません。また少量の水（必要に応じて魔法の途中で粘土に使うため）とパラフィン紙、円形の箱を用意して下さい。

　左手の親指と薬指の指先を使って土を円形に丸めて下さい。あなたが心を痛めている状況を思い出しながら、その粘土をなでつけ、こねて下さい。あなたのフラストレーション、怒り、痛みを粘土に本当に込めるのです。そしてそれを叩いて、ひねって、さらに小さくちぎって下さい。しかしその度に必ず元の円形に戻すことが必要です（注意：決して他の人を非難しないで下さい）。必要であれば随時指を水で濡らしながら、作業をおこなって下さい。

　さて、次にパラフィン紙の上で、粘土を厚みのある、表面が平らな円形にまとめましょう。そしてこねながら、ハートの形を作りましょう。それを紙から離し、両手で持ち上げ、ハートを引き裂きながら言うのです。

　これがその正体だ

　数秒後、ばらばらになった粘土をパラフィン紙にそっと戻し、また一緒に丸めます。元のハートの形に戻るように引き裂かれた箇所をなめらかにして下さい。あなたの中で感じている全ての怒り、恐れ、憎しみ、そして罪悪感を解き放ち、これらの感情がもはや過去のものであると確信しながら言うのです。

　これがその正体だ

ハートを慎重に持ち上げ、あなた自身の心臓に近づけて下さい。冷たい粘土をあなたの皮膚に押しあてるのです。エネルギーがあなたの中に入り、あなたを癒し、痛みを和らげてくれるのを感じて下さい。

終わったら、そのハートを円形の木箱、もしくは紙箱に入れ、必要な時まで閉まっておいて下さい。もしも粘土が硬くなってしまったら、箱の中にバラの花びらを詰め、あなたの自分への愛のシンボルとして保管して下さい。

◆本を縛るための魔法 （確実に返してもらうための魔法）

古くから伝わる自然魔術を学ぶような人はたいてい読書も好きです。本好き故に本を友達に貸すような事態も多々あるでしょう。しかし残念ながら、貸した本が2度と戻ってこないこともしばしばあります。

そこで登場するのがこの束縛の魔法です。ここでは結び目の魔法を使うことになります（この魔法については『西洋魔法で開運入門』の12.「結び目の魔法」でもお話ししました）。束縛と結び目は共に土のエレメントに属しているので、この本ではこの章で紹介します（そもそも、どう考えてもこの魔法は他の章には適さないので）。

自然魔術において結び目は、つかみどころのない目標（例えば貸したものを返してもらうというような）を表すと共に、パーソナルパワーを吸収する物理的な存在です。これから紹介する魔法は、まさに結び目のこのような力を使ったものです。（この魔法は他人に本の返却を強要することが目的ではなく、あくまでも本が戻ってくることを保証するものです。借り手に影響を及ぼすことはなく、本

そのものに影響を及ぼすものです)。

　やり方は次の通りです。

　本を貸し出す前に、その本を両手で持って下さい。パーソナルパワーを送りながら次のような呪文を唱えましょう。

丘と風において
炎と小川において
光り輝く月と海において
私はこの本を
私の元に戻るようにと
束縛する

　30センチほどの白い綿のひもを本の周りに巻き付け、結び目を作って下さい。きつく結びますが、結び目をほどかなくてもひもを本から外すことができるくらいのゆとりは残して下さい。結び目を作る際、本が戻って来る様子を視覚化しながら、もう1度呪文を唱えましょう。

丘と風において
炎と小川において
光り輝く月と海において
私はこの本を
私の元に戻るようにと
束縛する

　結んだひもを外し、そのひもを秘密の場所に保管して下さい。実

際にその本を貸す際に、同じ呪文をもう1度唱えて下さい（心の中でも構いません）。これで本は確実にあなたの元に戻って来るでしょう。本が返ってきたら、ひもをほどくか、切って下さい。これでひもの役目は終了です。

◆土のための儀式

（これは願いを叶えるための魔法ではなく、土にエネルギーを還元する魔法的な儀式です）。

キャンドルは灯さないで下さい。お香も炊かないように。人里離れた、自然に溢れた場所に行って下さい。それが難しければ、あなたがいつも魔法に使う場所でも大丈夫です。室内の場合は、鉢植えの植物か、平らな石4個を用意しましょう（採掘された水晶は避けて下さい）。

地面に座り、下にある土に両手を置きます（室内の場合は植物か、石の上に）。ポジティブで完全な姿をし、癒されたエネルギーを持つ青白い地球を宇宙から見ているように視覚化して下さい。地球を生きている生命体として見るのです。

準備が整ったらこのような呪文を唱えて下さい。

清い洞窟と平野よ
清い草地と丘よ
清い風と空よ
清い湖と丘よ
清い雲と雨よ
清い森と木々よ
清い谷の深みよ

清い入り江と海よ

視覚化を一新させて、もう一度唱えましょう。

清い空飛ぶ鳥よ
清い猟犬とコウモリよ
清い魚とクジラよ
清い野ウサギと猫よ
清いフクロウとヘビよ
清い牡ジカと雌ジカよ
清い緑色のトカゲよ
清いこの世に生きる全ての生き物よ

　もう一度視覚化を一新させます。そして地球を感じて下さい。人類がこの惑星にもたらした惨事についての考えを封じ込め、地球を癒された、完全なものとして視覚化して下さい。そしてこのような言葉、もしくは何でもいいので頭に浮かんだ言葉を唱えて下さい。

あなたのエネルギーを受けた
そして、私のエネルギーを受け取りたまえ

　あなたのパーソナルパワーを、両手から土（あるいは石か植物）に注いで下さい。生き抜く力を注ぐように、そのパワーを優しく、らせん状に私たちの惑星に送り込んで下さい。光り輝く青い惑星が空にぶら下がっている様子を視覚化しながら、しばらく続けます。少し経ったら手を上げ、立ち上がって儀式を終えて下さい（もしも

この儀式を室内でおこなっているのなら、石や鉢植えを戸外の地面に置き、土がエネルギーを吸収できるようにしましょう)。

　これで儀式は終了です。

7. 風(ふう)のパワー

　ある日私は友人の庭で、月明かりの下に立ち、バラの木に見とれていました。そして広がる空を見上げました。よく空が澄んだ夜でした。星々を眺めていたその時に、背後で何かが動きました。

　好奇心にかられ、私は月を見つめました。すると鳥の一群がはるか彼方で、銀色に輝く月明かりを頼りに自分たちの巣へと帰っていく姿が見られました。何気なく鳥を見ることはよくありましたが、あのような魅惑的な夜に、すっかり風(ふう)のエレメントに溶け込んでいる鳥の姿を目にして、私は羽を持った生き物たちの美しさにすっかり魅了されたのでした。

　鳥は常に風(ふう)のエレメントと関連づけて考えられてきました。一体何千年の間、人類は鳥たちが空へと飛んでいく姿を羨望のまなざしで見てきたことでしょう。私たちの先祖は土の一部を自分たちのものだと主張してきたかもしれませんが、空は鳥たちだけのものだったのです。

　しかし人間はそれを侵害し始めました。中国で凧が開発され、さらにその凧に人間がくくりつけられました。それに続き、気球が、さらに飛行機、ジェット機、ヘリコプター、超軽量飛行機、そしてハンググライダーが生まれました。しかし人が空を飛べるように

なったのはごく最近のことです。それでも私たちが鳥の領域に踏み込む時には、いまだに機械の力に頼らざるを得ません。

近代的な空港の滑走路に、人間が作りだした飛行機を横目に鳥たちが巣を作ることがあります。どうして彼らを責めることができるでしょう。私が鳥だったらやはり好き放題やりたいでしょう。

風(ふう)は友だちです。それは、暑い日の涼しい風でもあり、手紙や1枚の書類でもあり、1本の電話でもあり、あるいはちょっとした会話でもあります。そして風(ふう)は落ち葉をまき散らし、船の帆をふくらませます。風(ふう)は、双子である火のエレメントの片割れです。

この章で紹介する魔法は形も目的も様々ですが、全て風(ふう)のエレメントの領域に属するものです。(この本の序章を書き直している最中に、突然窓から風が吹き込み、私のメモが床に落ちました。偶然ではない気がしますよね)。

◆旅に出る

もしあなたがどこかに行かなくてはならないのに、交通手段が見つからなかった時は次の方法を試してみて下さい。

まずは1枚の紙を用意します。黄色の紙が最適ですが、他の色の紙でも構いません。陽の手でその紙をしっかりとつかんで下さい。東を向きます。そして、次のような呪文を唱えながら紙をその方向に差し出します。

これが私の移動手段だ

同じことを南、西、北で繰り返し、同じ言葉を繰り返して下さい。そして平らな場所で、紙にあなたの目的地を鉛筆で書きましょ

う。大きな字で、できるだけ具体的に書いて下さい(「イングランド」ではなく「グラストンベリー・トー」、「ヨーロッパ」ではなく「フランス」といったように)。書く時に、あなたがその目的地にいる姿を視覚化しましょう。そして書いた目的地の周りに旅を表すシンボルをいくつも描いて下さい（巻末参照）。

　あなたの陽の手の、手のひらを紙の上にかかげて下さい。もう1度、あなたが目的地にいる姿を強く視覚化しましょう。

　次に、その紙で紙飛行機を折ります。あなたが考えた折り方でも、この本で紹介する折り方でも構いません。ただしその紙飛行機はきちんと飛ばなくてはなりません。これはとても重要なことです。

　平面の紙から立体的なものを折りあげる間、あなたが目的地にいる姿を心の目で本当に見て、感じて下さい。あなたがすでにその場にいる状態を視覚化するのです。

1．AからBに半分に折り、折り線を付けたら広げて下さい。

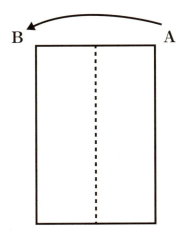

2．折り線に沿ってAをCに、BをDに向けて折って下さい。

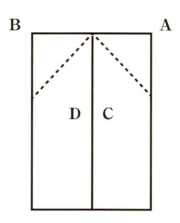

3．AをBに折ります。

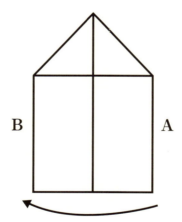

4．横向きにし、AからBに向けて折ります。

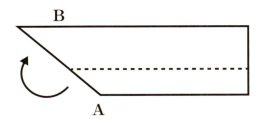

5．裏返して反対側でも同じことを繰り返します。

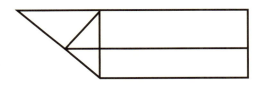

　外に出て（あるいは窓を開けて）下さい。完成した紙飛行機を陽の手で持ち、このような呪文を唱えましょう。

吹きつける風よ、力強く打ち寄せる風よ
風(ふう)の絶え間ない仲間よ
私がいるべき場所に送っておくれ
ああ風よ、私をそこに連れて行っておくれ！

　少なくとも9回はこの儀式を繰り返し、その度に視覚化して下さい。その際、次第にあなたの体内にパワーがみなぎり、筋肉が緊張していくのを感じて下さい。
　最後に「私をそこに連れて行っておくれ」と言う際に、紙飛行機

を空に飛ばします。紙飛行機は数メートルほど自由に飛ぶでしょう（地面に向けてではなく、できるだけ上向きに飛ばすのがコツです）。紙飛行機は飛んでいる間に、あなたが風(ふう)のエレメントに注いだエネルギーを放ちます。

　最後に紙飛行機を拾って下さい。針に黄色の糸を通し、その糸を紙飛行機に通したら、あなたが出かける時まで天井から（もしくは家の中の高いところから）吊るすのです。実際にその土地に出かけられるようになった時にそれを外し、紙飛行機を広げて元の形に戻し、一緒に持って行きましょう。そして帰宅したら（あなたが帰宅することを考えている場合ですが）、その紙を小さくちぎり、きちんと廃棄して下さい（できればリサイクルに出して下さいね！）。（注意：この魔法は飛行機で移動する旅だけでなく、あらゆる旅に使えます）。

◆創造性を刺激する

　この魔法にはフルートあるいは他の吹奏楽器が必要です。パンパイプ（訳注：ギリシャ神話の牧神パンが用いたといわれる、長さの異なる中空の管を並べて束ねた笛）、ハーモニカ、おもちゃのブリキの笛、あるいはトランペットでも構いませんが、木製か竹製のものが最適です。

　このような楽器をこれまでに使ったことがなければ、魔法に使う前に慣れておきましょう。確実に出したい音が出せるようにしておくことが大切です。準備ができたら魔法を始めましょう。

　黄色のキャンドルを灯し、キャンドルの前でフルートを手に持ったまま、次のような呪文を唱えて下さい。

音楽の魔法よ
私の元に来て
音楽の魔法よ
私に見せて
音楽が私の中の芸術の神を呼び起こす
音楽の魔法よ
私の元に来て
音楽の魔法が
その曲の謎を私に解き明かしてくれる
呼び起こされる
神秘の心よ
音楽の魔法よ
私を自由にして

　自分が手紙を書いている姿、スピーチを練っている姿、絵を仕上げている姿、敷物を織っている姿、あるいはずっと書こうと思っていた本を書き始める姿などを視覚化して下さい。
　次にフルートを数秒間吹きましょう。曲を吹く必要はありません。ただフルートが音色に合わせてエネルギーを放出するように吹いて下さい。これができたら楽器を置き、おこなおうと思っていたクリエイティブな作業を楽器が見える場所でして下さい。
　再び集中力を欠いてきたら、数秒間フルートを吹いてから作業に戻って下さい。終える時はキャンドルを吹き消し、そのキャンドルと楽器が次に必要になる時までどこか特別な場所にしまっておきましょう。

◆守護の鐘

　風鈴は様々な形、サイズ、デザインが入手可能です。風鈴もやはり風(ふう)のエレメントに属し、望まない来客やネガティブなエネルギーの侵入からあなたの家を守ることができます。

　まずは新しい風鈴を探すか、作るか、もしくは買って下さい。風鈴ははっきりした音が鳴るものでないといけません。外に吊るす前に、次のような（あるいは似たような）儀式で風鈴が魔法の力を発揮できるようにパーソナルパワーをチャージして下さい。

　風鈴を平らな、いつも魔法をおこなう場所に置きましょう。じっと見つめ、反応せず、静止していることを確認して下さい。

　次のような呪文を唱えながら、あなたの陽の手をその風鈴にかざして下さい。

風の鐘よ
魔法の韻よ
魔法の鐘よ
風の韻よ
最上の風よ
魔法の鐘よ
9かける9

　ひもを吊るす上側から風鈴を持ち上げ、あなたの顔の前に持ってきて下さい。風鈴に息を吹きかけ、その音色がネガティブな要素を散り散りに追い払う状況を視覚化して下さい。視覚化を続けながらその風鈴を外に吊るし、後は風鈴の働きに任せなさい。

　効果を高めるためには、この簡単なチャージを9日おきにおこな

いましょう。

◆頭の中を活性化する

　私たちは時に、頭の中をはっきりさせるために何か助けを必要とすることがあります。例えば家計のやり繰りをしている時や税金の計算をしている時、あるいは盛り上がって議論をしている時や言い訳を考えている時などです。ここでは頭の中を活性化させるためのいくつかの方法を紹介します。実行しやすいものを選んで下さい。

・風またはそよ風が吹く中に立ちます。風(ふう)のエレメントのパワーを吸収し、眠っているあなたの意識を目覚めさせて下さい。

・黄色い紙で作ったうちわで自分を仰いで下さい。風の動きであなたの意識を完全に目覚めさせましょう。

・黄色く輝く光があなたを上から下へと照らす様子を視覚化します。その光があなたの脳に入り、活性化するのを感じて下さい。そして光が広がり、あなたの眠っている意識を目覚めさせるのを感じて下さい。あなたをどのような仕事もこなせるようにしてくれる、温かい刺激的なエネルギーを感じましょう。

・やや曇っている空を見上げて下さい。一つ一つの雲から線が出ているようなイメージを持ってください。これらの線が互いに交差し合い、複雑なパターンと結びつきを作り出すのを視覚化して下さい。この視覚化の状態をできるだけ長く、もしくは仕事に取り組む気持ちが沸き上がるまで持続させて下さい。

・雲一つない空を見上げます。地平線と太陽から目を反らし、混じりけのない青空をじっと見つめて下さい。空に吸い込まれるような気持ちで見つめ続けましょう。

・事前に録音したフルートの音を聴いて下さい。

・扇風機の前に座るか、もしくは立って下さい。動く風にあたり、あなたの頭の中を活性化させて下さい。

◆万能な風(ふう)の魔法

　この魔法はいかなるポジティブな目的にも使えます。大きく、やわらかい葉とペンを用意して下さい。

　山の頂上のような高いところに行くか、もしくは風が吹くのを待って下さい。そしてあなたの願いを視覚化し、その願いが象徴するシンボル（巻末の付録を見るか、自分でシンボルを作って下さい）を葉に描きましょう。

　願いを強く視覚化し続けながら、葉を風の中に放り投げて下さい。もし風があなたからその葉を奪い取ったら、パワーが放たれた証拠で、これでこの魔法は終わりです。もし風が葉を奪わなければ、別の葉にまた同じシンボルを描き、もう一度挑戦してみて下さい。

8. 火のパワー

　人類は常に火を崇めてきました。現代の私たちは、遠い昔の先祖たちほど火を崇拝していませんが、それでもこのエレメントの兆候が現れているものに惹きつけられます。寒い日に暖炉で燃える心地よい炎は私たちを癒してくれます。キャンプでおこすたき火の穏やかな火は湯を沸かし、調理してくれます。火に包まれた建物や森林火災は、世にも恐ろしい瞬間をフィルムに収めようとメディアを駆り立てます。

　世界中の多くの場所で石油ランプが電球にとって代わられましたが、私たちが明かりや暖房、調理のために火を頼っていたのはそう昔のことではありません。今日でもロマンチックな夕食、祈りの場、あるいは魔法のために私たちはキャンドルを灯します。私たちは火のパワーを忘れてはいないのです。

　神話でも火は空から盗まれたものでしたが、私たちは木に落ちる雷から火の供給を受けていました。その後人類は２つの木片を摩擦させて、この素晴らしいエネルギーをおこせることを発見しました。また火打石と火口（ほくち）（火打石用の火種）を使って、火をおこしてきました。

　火は常に善であり悪でありました。私たちを助けることもあれば、

傷つけることもありました。医療行為に使われることもあれば、武器として使われることもありました。現代の私たちが火について考える時、大抵過去に起こした火のトラブルや破壊的な火災のイメージと結び付けてしまいます。それでいて、火は未だに私たちの身近にあるのです。ガスストーブやマッチといった火を生み出す新しい形のテクノロジーがある現代でも、私たちは火に感じる神秘的な魅力を忘れてはいません。

　火は破壊的かつ創造的なエレメントです。火の持つ破壊的性質に関しては皆さんもよくご存じでしょう（何かが燃え上がるのを見たことがない人はいませんね？）。火の創造的な性質は燃えさかる炎に隠れて見えづらいかもしれませんが、確かに存在します。古い灰からは新しいものが生まれます。そして、不死鳥はまさに時代を超えて、火の創造的な性質を示している例といえましょう。

　火を使う魔法は慎重におこないましょう。例えばペットが興味を示して、好奇心から火にかけた鍋を倒したり、燃える小枝をまき散らしたりというようなことがあるかもしれません。ですからこのエレメントを扱う時は安全のために常識的なルールを守ることが不可欠です。守れなければ、火は大変危険なエレメントとなります。しかしきちんとルールを守りさえすれば、火は私たちの生活を変えてくれる便利なツールとなるのです。

　最後にもう一つ注意点があります。火を使った魔法に火災警報機が反応する可能性があるので、この魔法は警報機から離れた、開け放った窓のそばでおこなうのが最適です。私自身も、火災警報機を設置した直後に、郵便で届いたチェーンレターを燃やしたことがあります。ところが火をつけた手紙を大釜にくべた途端、警報機が鳴りだしたのです。私のようなことにならないように気をつけて下さ

いね！

◆鍋に入れた炎（追放の魔法）

　もしも困りごとから解放されたいのであれば、鋳鉄、もしくは鉄製の鍋を用意して下さい。その口は直径7.5センチより大きなものではいけません。またこの鍋は金属製で足が付いていなければなりません。さらにラム酒が必要です。エバークリア（訳注：アメリカの酒造メーカーLuxco社が作る極めてアルコール度数の高い穀物酒）のような、点火できる蒸留酒がいいでしょう。もしそのようなものが手に入らなければ、消毒用アルコールでも代用できます。

　夜間に、鍋を耐熱性の物の上に置いて下さい。そこに1/8カップのアルコールを注ぎます。注ぎ口にあなたの陽の手を添えて、あなたを悩ませている問題が鍋に流れ込む様子を視覚化して下さい。問題の原因と、あなたの中で膨らんでしまったネガティブなエネルギーを排除するのです。

　鍋から離れたところに立ち、マッチを擦り（この魔法でライターを使うのは危険すぎるのでやめて下さい）、そのマッチを鍋の中に放り投げて下さい。中に入っているアルコールにすぐに着火するはずですが、うまくいかなければもう１度マッチを擦って下さい。

　鍋の中身に火がついたら、直ちに照明を消して下さい。炎を見ながら次のような呪文を唱えましょう。

浄化の火より生まれた燃え盛る力よ
踊る炎の光よ
耳を傾けておくれ
なぜなら私の願いは差し迫っているから

この魔法で私を助けておくれ
鍋の炎よ
ああ、私の前で燃え盛る
激しい火花よ
その魔法のパワーで清めておくれ
その力で私を解放しておくれ

　この呪文を唱え続けて下さい。火の力が収まり消えるまで、あなたが問題から完全に開放される姿を視覚化し続けて下さい。それから、鍋を離しましょう（鍋が熱いので、火傷を避けるため鍋つかみが必要かもしれません）。この鍋はこのような魔法の目的以外には使わないようにして下さい。

◆守護の魔法
　どのような種類の火でも構わないので、火の前に座るか、立って下さい。炎を見つめて下さい。光り輝く守護の火が、あなたを洗い清める姿を視覚化して下さい。火はあなたの周りに赤くきらめく領域を作り出すでしょう。そして次のような呪文を唱えてもいいでしょう。

火の中に
魔法をおこして
上手に
もっと高く火をおこして
光り輝く炎を
今作り上げて

何者も痛めつけたり
傷つけるためにここに来てはならない
何者もこの燃え盛る壁を通ってはならない
通ることはならない
何者も決して

この、簡単で効果的な呪文を困っている時に毎日唱えて下さい。

◆燃え盛る愛

　木炭を作るか、探すかして下さい。片方の端が燃やされ、炭の状態になっている木の棒です。また、乾燥させたバラの花びらと紙を用意して下さい。

　炭になった側を鉛筆のように使い、満足のいく恋愛関係を楽しんでいる自分の姿を視覚化しながら２つのつながり合ったハートを描いて下さい。パワーを込めて描きます。

　バラの花びらを陽の手に握り、燃え盛る愛のエネルギーを花びらに送って下さい。描いたハートの上に、そのバラの花びらをまき散らします。パワーを込めてまき散らします。

　まいた花びらをそのままその紙で包んで下さい。最後に視覚化を続けながら、その包みを暖炉などの火の中に放って下さい（もしこれができなかったら、赤いキャンドルの炎で火をつけ、耐熱性の容器に投げ込んで下さい）。その包みが燃えることで、パワーが解き放たれます。

◆治癒の炎

　病や怪我に苦しんでいるあなた、あるいはどこか具合の悪いあな

た自身の絵を描いて下さい。問題がある体の箇所を絵にはっきりと描いて下さい。例えば頭痛であれば頭に大きなハンマーを突き付けた絵を、ウィルスであれば黒い虫の絵というようにです。あるいは骨折した手足、打撲のシンボルを描くということもあるでしょう。赤いキャンドルに治癒のエネルギーをチャージし、灯して下さい。絵の端を炎の上にかざし、火がついたら、それを耐熱性の容器に入れて下さい。

　赤いキャンドルが燃え続けている間に、別の紙に頭痛、ウィルス、体の痛みがなくなった状態、もしくは骨折が回復した状態のあなたの姿を描いて下さい。この絵を赤いキャンドルの下に置き、キャンドルを燃やしきります（注意：この魔法を含め、すべての治癒の魔法は正しい医療行為と共におこなって下さい）。

◆太陽を使った魔法

　もしもあなたが何かの目的でもっと身体的なエネルギーが欲しい時には、この魔法を試して下さい。この魔法は太陽のパワーを使うため、よく晴れた日におこなう必要があります。

　屋外に出て、紙の上にできれば赤いインクで次のシンボルを描いて下さい。

描いたシンボルを太陽の光の元にさらして下さい。必要であれば小さな石をいくつか使って平らになるよう押さえましょう。最低でも1時間はシンボルが太陽のパワーを吸収できるようにして下さい。チャージが終了したら、この紙をあなたの陰の手で拾って下さい。あなたがこの紙を拾うことで、太陽のエネルギーがあなたへと移動します。
　熱を感じて下さい。太陽から放たれるパワーを吸収して下さい。太陽の温かい力があなたに刺激と活気を与えるのを感じて下さい。最後に紙をしわくちゃにすればこの魔法は終了です。

◆火を使ったスクライングの呪文
　スクライングとは反射性のあるもの（例えば水晶玉、水たまりなど）を見つめ、潜在意識を呼び起こす、古くから伝わる魔術です。恐らくこの魔法で使われている最も古いツールは火でしょう。
　火を使ったスクライングを私が知ったのは15歳の時でした。当時私の家族は山小屋を所有しており、週末や夏になるとよくそこで過ごしたものでした。夜のお楽しみはカードゲームや、昔ながらの短波ラジオ、それに円形の暖炉でした。この暖炉に火を灯し、部屋を暖めたり、マシュマロを焼いたりしたものですが、私が特に記憶しているのは燃え盛る暖炉の前に座り、その中で踊る炎と、茶色い薪が燃えるような赤から最後には真っ黒に変わっていく様子を何時間も見つめていたことです。
　よく私は、夜になると山小屋の生活音を遮断し、火と調和したものです。パチパチと音を立てながら燃える炎のベールには、確かに潜在意識を呼び起こす何かがありました。
　もし自分の潜在意識に触れてみたいと思ったら、火花が飛んでこ

ない程度の距離は保ちながら火の前に座ってみて下さい。しばらく目を閉じリラックスし、気持ちを落ち着かせましょう。そして目を開いて下さい。

　火をまっすぐに見つめて下さい。目をあまり緊張させてはいけません。普通にまばたきをして下さい。深呼吸して、気持ちが落ち着いたら次のような呪文をささやきましょう。

燃え上がる火よ
お前の踊りで
今私に
秘密のきらめきを与えたまえ
私の予知能力を呼び覚まし、
お前の明かりで
私に霊能力を与えたまえ
燃え上がる
輝くように明るい火よ
今私に
予知能力を与えたまえ

　あなたの瞼が重くなるまで、この呪文を続けて下さい。絶え間なく揺れる炎を使って、未来を予測するのです。

9. 水のパワー

　ある時私たちは砂漠に石を掘りに行きました。気温は摂氏44度近くにまで上がっていました。灼熱の太陽にさらされた、荒れ果てた山を何時間も歩き回って汗まみれになり、すっかり疲れきった私たちは、わずかばかりの日陰に止めていた車のある場所までようやく戻りました。

　そこに戻るや否や、私はすぐにクーラーボックスに駆け寄り、氷のように冷えた水を頭からかけました。凍るように冷たい水が体に流れ落ちていくその衝撃は、形容しがたい経験でした。砂漠の外れにある岩々に囲まれた山の脇にうずくまりながら、私は再び水の不思議に気づかされたのでした。

　水は私たちの周りのどこにでもあります。私たちの人体や、地球の表面の約70％は水です。私たちにとって水が不可欠なことや、楽しむためにも利用していることは周知の事実です。しかし、数多くの魔法で水が使われることはあまり知られていません。

　ここではその水が持つパワーについてお話しようと思います。

◆**潜在意識を覚醒させる**
　なだらかにゆっくりと流れる小川を探して下さい。その近くの木

か茂みの根元に硬貨を埋め、そしてそっと3枚の葉を集めて下さい。その際、植物が犠牲を払ってくれていることに感謝の気持ちを忘れないで下さい。

　次に、その葉を両手で握って下さい。そして、あなた自身が霊能力を持った霊能者になった姿を視覚化して下さい。霊能者になったらどう感じるか想像するのです。その視覚化と共に、パーソナルパワーを葉に送りこみましょう。

　葉のうちの1枚を水の上に浮かべ、次のような呪文を唱えて下さい。

　　浮かんだ葉っぱよ
　　緑色の葉っぱよ
　　見えないものを
　　私に見せておくれ

　1枚目の葉が流れていったら、次は2枚目、そして3枚目と続けて下さい。毎回同じ呪文を唱えることも忘れないで下さい。

　葉が水に触れる度に、あなたが送り込んだエネルギーがゆっくりと放たれます。このエネルギーが水の持つ霊的なものを引き寄せるパワーと合わさり、あなたの望みを叶えてくれます。

◆平穏を呼ぶ風呂

　風呂に湯を張ってください（シャワーでの方法はこの項目の最後に記してあります）。水が入った大きなボウルに、大さじ1杯程度の牛乳を加えて、次のような呪文を唱えて下さい。

風に波打つ水よ

　水と牛乳が入ったボウルに何枚かバラの花びら（生でも乾燥させたものでも構いません）を加えて、続けて下さい。

空を舞うアザミの冠毛よ

　右手の人差し指で水、牛乳とバラの花びらをかき回しながら、唱えて下さい。

壮大な海のごとく静かで

　ボウルの中で混ぜ合わせたものを静かに風呂に注ぎながら唱えて下さい。

ここは平穏で心配はいらない

　そして、風呂に入りましょう。好きなだけ入浴して下さい。水にネガティブな考えや心配事を吸収してもらい、平穏な癒しのひと時を楽しんで下さい。
　（シャワーの場合は、小さめのボウルを用意し、その中に温かい湯を入れて下さい。風呂の場合と同じ手順で進めますが、最後は牛乳を混ぜたボウルの湯を風呂には注がず、頭から自分にかけて下さい。湯をかける前に「ここは平穏で心配はいらない」と唱えるのを忘れないで下さいね。そうでないと湯をかけながら慌てて言う羽目になり、穏やかな状態が損なわれてしまいます。ゆとりを持ってで

きるので、シャワーよりも風呂の方がずっと魔法の効果はあります)。

◆水を使った守護の魔法

 大都市にでも住んでいない限り、私たちが魔法による守護を本当に必要とすることはあまりないでしょう。それでも守護の魔法を知っておくと便利な時があります。これから紹介するのは、自分の内にある守護的エネルギーを高めるワクワクする魔法です。

 この魔法には黒い(そう、黒です)細長いキャンドル4本、水を入れたボウル、塩と紙袋が必要です。もしも黒いキャンドルが見つからなければ白いもので代用して下さい。

 それでは魔法を始めましょう。水を入れたボウル、小さな器に盛った塩(4つまみほどあれば十分です)と黒いキャンドル4本をあなたの魔法の場所に置いて下さい。そこにマッチ数本(箱入りのマッチが最適です)と紙袋も用意しましょう。

 集めたものの前に座るか立って下さい。目を閉じて、あなたの周りに防御の要塞が張り巡らされている様子を視覚化して下さい。もしあなたが神秘的な生き物や動物に守ってもらいたいと思うなら、そういったものを視覚化してもいいでしょう。あるいはあなた自身が燃え盛る剣を手に、攻撃者たちに立ち向かっている姿でも構いません。荒れ狂うギリシャ神のアマゾーンが、あなたの周りを絶え間なく回り続け、保護してくれる姿かもしれません。どのようなものでも構いませんが、あなたが視覚化するものは鮮明でなければなりません。あなたが守られている様子を視覚化して下さい。守られていることを感じましょう。

 マッチを擦り、黒いキャンドルの1本に火を灯して下さい。キャンドルをあなたに近づけ、次のような呪文を唱えて下さい。

お前はなんでもない！

キャンドルを少し遠ざけ、再び唱えましょう。

お前は消えていく！

腕を伸ばしたくらいの距離までさらに遠くにキャンドルを遠ざけ、唱えて下さい。

お前は追放された！

キャンドルの火がついている側を水につけ、炎がジュッと音を立てて消える様子を見て下さい。あなたを悩ませているエネルギーの全てを水が消し去ってくれるのを理解して下さい。

使ったキャンドルを両手（あるいはハンマーを使って）で折り、それを紙袋に入れます。水の中に１つまみの塩を入れて清めましょう。

そして、残りの３本のキャンドルについても、同様の行為を１本ずつおこなって下さい。それが終わったら、このような呪文を唱えましょう。

空に浮かぶ悪よ
吹きすさぶ冷たき風よ
黒ずんだ魔除けは
遥か下から立ち上がる
お前は今や壊れ、素早く消え去り

生きながらえることはない
私がかけた
この魔法から
お前は生き残れない！

　両手を洗って下さい。紙袋に入れた黒いキャンドルをあなたの家の外へ出し、排水溝に塩水を流し、ボウルはよく洗って下さい。
　これで終わりです。（この魔法はネガティブなエネルギーをポジティブに変えるものであり、決して誰かを傷つけるためのものではありません）。

◆水占い
　占いとは、道具を使って潜在意識とつながる技です。キャンドルの炎とボウルに入った水だけを使ってできるこの簡単な占いは非常に効果的です。最大の効果を得るためには夜間に１人でおこなうのが最適です。
　大きな非金属性の容器を水で満たし、それを魔法をおこなう場所に置いて下さい。もしもあなたが望むなら、青い食用着色料を数滴加えて下さい。
　両手で青いキャンドルをチャージしながら、潜在意識が目覚め、育ち、そして広がるのを視覚化して下さい。
　キャンドルをキャンドルスタンドに立て、芯に火をつけて下さい。ボウルの中に入れた水にキャンドルが反射するくらい、キャンドルをボウルに近づけましょう。
　水にキャンドルが反射した姿を見つめ、リラックスして下さい。集中してはいけません。緊張を和らげるのです。効果が表れるまで

次のような呪文を繰り返し唱え続けましょう。

閃光、微光、
思考は徐々にぼやけていく
予知能力が今
光のもとにもたらされた

これであなたが知りたいことが分かるでしょう。

◆**水の誓い**
　これまで述べてきたように、水は愛のエレメントです。このエレメントが、次のような非公式な「結婚」の役割を果たしてきたことは極めて自然なことといっていいでしょう。古くから伝わるこの儀式は水の誓いと呼ばれています。水のエレメントに興味がある人はこのような儀式をやってみたい衝動に駆られるに違いありません。
　古代から、水の誓いは個々の人間を結び付け、結婚させると信じられてきました。今日ではこの儀式は愛を強める手段と見られています。したがって水の誓いは調和の儀式であり、愛の儀式でもあります。
　この儀式は出来たてのカップルにもおこなえますし、長年連れ添っているカップルが改めて誓いを立てる時にも使えます。どちらにしてもこの儀式をおこなうのであれば、まず水のエレメントと調和し（どのような方法でもいいので）、それから始めましょう。
　儀式の手順は次の通りです。幅の狭い小川か、泉を探して下さい。その片側にあなたが立ち、反対側に愛する人が立ちます。水越しに手を握り合い、一緒に唱えて下さい。

**流れる水よ、この行為の証人となって
私たちの手は繋がれ、そしてこの約束を誓う**

２人に幸運が訪れますように！

第三部
自然魔術

PART III
Natural Magic

10. 石の魔法

　輝く大理石の建物を目にしたり、御影石のタイルを踏んだり、ダイヤモンドの美しさに心を奪われたり、靴の中に入り込んだ小石を感じたりした経験はありますか？　そのような経験があれば、もう既に石のパワーとその偉大さを理解していることでしょう。

　私たちは難解な形の石像に姿を変えた石の塊を鑑賞します。また、固い岩を掘って作られたスフィンクスや大昔からそびえ立つストーンヘンジに思いを寄せます。しかし、どんなに変哲のない石でも内なるエネルギーを秘めていて、使われる時が来るのを待ち望んでいるのです。

　石は、大地の骨格といっていいでしょう。エメラルド、ルビーやサファイヤなど、高価な石もある一方で、どこにでも無造作に転がっているような石もあります。魔法的な視点で考えると、どのような石も土のエレメントが作り上げたものであり、価値があるものです。この章では、どこにでもあるような石を使ってできる魔法をいくつか紹介します。

　魔法の効果を最大限引き出すためには、海や川の水によってなめらかに削られた石を使いましょう。もし、野外で見つけられなかったら、クラフト用品店やガーデニング用品店、あるいはペットショッ

プ（水槽用に売っています）をあたってみて下さい。

　こういった魔法の儀式にアメジストやローズクオーツ、アクアマリンといった半貴石は必要ではありませんが、しっくりくるようだったら使ってもいいでしょう。儀式で引き出されるパワーは、石の種類に影響されるようなことはありません。むしろ、土の中で誕生した瞬間から石であり、中身がぎっしりと密度濃く詰まっていることが重要です。

◆石の壺（家を守る魔法）

　（この魔法は、『西洋魔法で開運 入門』の９章で紹介された「石の器」の儀式をさらに発展させたものです）。

　まず、様々な色の石をたくさん集めます。海辺や川、砂漠や山などに行けるのであれば、それぞれの場所で少しずつ拾い集めましょう。もちろん、必ずしもそうする必要はなく、身近に手に入る石でいいでしょう。

　次に、陶器の壺か瀬戸物の容器、または素焼鉢を準備します。これをいっぱいにする数の石が必要です。集めたうちの１個の石を陽の手でつかみます。石が守護のエネルギーを発している様子を視覚化します。

　そして、視覚化しながら、次の言葉、またはこれに似た言葉を唱えましょう。

*　山の石*
*　井戸の石*
*　砂漠の石*
*　私の魔法にパワーをチャージしておくれ！*

石を壺に入れてから、次の言葉、またはこれに似た言葉を唱えましょう。

　壺にこの石を入れる
　私の家、家族、家庭を守るために

　一つ一つの石に同じことを繰り返します。この魔法は、壺が大きい場合は時間がかかります。
　壺がいっぱいになったら、ふたをしないで家の中のどこかに置きます。置く時に、次の言葉を唱えましょう。

　石の壺
　この場所を守りたまえ
　全ての悪霊を
　遠くへ追い払いたまえ！
　土の中に戻し
　埋める
　封じ込められたし

これで終了です。

◆お金の石
　四角形に近い形の石を探します。緑色のキャンドルにお金を引きつけるエネルギーをチャージした後に、キャンドルスタンドに立て、キャンドルの芯に火をつけます。そして、キャンドルの灯りのもとで、石にお金のシンボル（付録参照）を描きましょう。

石があなたの生活にお金を引き込んでくれる様子を視覚化しながら描きます。請求書の支払いを済ませ、車を買い、必要とするお金を既に手にしている自分の姿をイメージするのです。

　緑色のキャンドルの灯りの下で、石を7分間置いておきます。それからキャンドルの芯を指でつまみ、火を消します。金運に恵まれるまで、毎日キャンドルを7分間灯しましょう。

◆岩の金庫

　いつも魔法をおこなう場所で、叶えたい願いのリストを作りましょう。それは「新しいCDプレーヤー」や「新しい仕事」が欲しいといった願いではなく、長い目で見た人生の目標であるべきです。なるべく具体的に思い描きましょう。リストを書き終えたら、少なくとも1時間は違うことをして気持ちを切り替えましょう。それから、新たな気持ちでリストを見直してみます。

　このうちどれだけのものが本当にあなたにとって重要ですか？よく考えて、本当に重要だと思う目標を三つだけ選び、残りは消しましょう。選んだものは最も重要で、長期的な目標であるべきです（リストには、幸せな結婚、新しい車、子ども、満足のいく仕事、和解などというような願いが含まれているかもしれません）。

　さあ、これらの目標をきれいな紙に書き写します。できるだけ小さな紙に書くとよいでしょう。

　書き終わったら、岩が沢山ある郊外に紙を持って出かけます。あるいは、あなたの家の裏庭でも、近所の公園でも構いません。十分に紙を隠せる大きさで、なおかつ動かせる岩を探します。

　岩の横に座りましょう（蛇には十分気をつけて！）。陽の手に持った紙を岩の上に置き、紙を通して岩から伝わってくる、どっしりと

した、静かなエネルギーを感じましょう。それから、次の言葉か、それに似たような言葉を唱えます。

　この岩に
　閉じ込める
　これらの願いと夢を

　岩の端を持ち上げ、下に紙を潜り込ませます。土のエレメントがあなたの目標を現実のものにしてくれるのを待ちましょう。

◆習慣を断つための石の儀式（悪い習慣を断ち切るために）
　断ちたいと思う習慣を表すシンボルを描きます。例えば、悲しみに打ちひしがれるのをやめたければ涙のようなしずくを、ものぐさを直し、自分を律したいのであれば南京錠がいいかもしれません。爆発しそうな怒りにはナイフのシンボルを、そして愛に執着しすぎているようだったら不均衡な秤がいいかもしれません。身体的及び精神的に影響を及ぼす依存症状の場合は、アルコールの瓶、煙草、薬、そして食べ物など描くべきシンボルも明確でしょう。
　まず、これらのシンボルを紙に描く練習をしましょう。なるべくシンプルに輪郭だけを描きますが、何を表しているかはっきりわかるように気をつけましょう。色々試して、うまくシンボルが描けるようになるまで練習しましょう。
　次に、小さくてなめらかな石を少なくとも50個集めます。川の石でも、転がっている半貴石でもいいでしょう。直径0.5〜1センチより小さく、大きさが同じくらいの石を集めます。
　1人で過ごす静かなひと時に、屋外に出て土の上に座ります（ま

たは、部屋の中心に座ってもいいでしょう)。石をすぐそばに置きます。座ったまま、あなたの人生から悪い習慣が完全に消え去る様子を想像します。まず、その悪い習慣に惹かれている自分を想像し、そしてその悪い習慣そのものから自由になる自分の姿を視覚化します。頭の中で、この光景をしっかり再現しましょう。

　次に、集めた石を半分に分けます。そして分けた石の最初の半分を使って、地面にその悪い習慣を表すシンボルの形を作ります。石を丁寧に並べて、選んだシンボルの輪郭を描き、悪い習慣のイメージを完成させるのです。

　完成したシンボルを眺めながら、パーソナルパワーを高めます。シンボルをさらに凝視しましょう。破滅的な習慣から解き放たれる自分を想像し続けます。

　残りの半分の石を持てるだけ持ち、シンボルに向かって次のように唱えます。

　あなたに私を委ねる
　あなたに私を委ねる
　あなたに私を委ねる

　あなたの中に溢れてくる大きなパワーを、手にしている石に移行します。そして、唱えます。

　追い払いたまえ、追い払いたまえ、追い払いたまえ！

　最後の「たまえ！」のところで、手に持っていた石をシンボルに向かって投げつけ、完全にシンボルの形がわからなくなるまで壊し

ます。

　火花が飛ぶかもしれません。エネルギーが満ちた石は、魔法の力でシンボルを打ちのめすでしょう（同時に、あなたがその習慣に注いでいたエネルギーも消失します）。あなたが送るポジティブなエネルギーは、ネガティブなエネルギーに打ち勝つでしょう。習慣を断つ魔法は始まったのです。

　この後、少し休みましょう。石を集めます（いくつかなくなっていても、気にしないように）。この儀式を毎日おこない、1週間続けます。続ければ、きっと望みは叶うでしょう。

◆ポケットの中
　やらなければならないことがたくさんある日に便利な、ちょっとした魔法を紹介します。電話をかける、移動するなど、やらなければいけない用事と同じ数だけ、小さくてなめらかな石を集めておきます。ポケット、または財布にそれらの石を入れます。入れながら、頭の中でやらなければならないことを復唱して、自分がそれを遂行している姿を視覚化します。用事を一つずつ済ませる度に、石をポケットから1個取り出し、ほうり投げます。1日の終わりには、ポケットは空になっているはずです。

11. 磁石の魔法

　磁石を魔法に使い始めたのは誰なのか、その起源は誰も知りません。大昔に魔法のお守りになる石を探しているうちに、濃い色の砂を引き寄せる石を見つけた人がいたのかもしれません。
　とても珍しいものだったので、その人はそれを拾って魔法のお守りとしたのでしょう。
　「ロードストーン（磁石石）」、「シデライト（菱鉄鉱）」そして「マグネタイト（磁鉄鉱）」という名称でも知られている天然磁石は、ギリシャ人（古代ギリシャの哲学者プラトンが天然磁石について書いた記述もある）やローマ人（古代ローマの博物学者プリニウス）にも知られていました。彼らもまた、天然磁石を魔法のパワーに満ちたものだと思っていました。例えば、ロードストーンは古代ローマでは訴訟を中断させるのに効果的だと思われていたようです。しかし、ロードストーンに何か力があることは分かっていたものの、その力の中身を理解している者は当時いませんでした。
　ずっと後の1500年代になっても、ロードストーンはまだ不思議なパワーを持ったものだと信じられていました。実際1580年に、ロードストーンにニンニクをこすると、鉄を引きつける力を失うかどうかという実験がおこなわれたという記述がある程です（実験の結果、

そのようなことはないとわかったようです)。

　このような天然の磁石は、現在でも魔法に使われています。ロードストーンはアメリカ中、特に南部で広く販売されています。天然磁石は魔法の道具として人気があり、人々は色を塗って身につけ、持ち歩いています。あるいは、お金や愛、その他様々な願いを叶えるための魔法に使われることもあります。そして、多くの人は磁石を身につければ、リューマチの痛みが「取り除かれる」と信じているようです。

　その特殊な力が発見されてから、磁石は人類に大きな影響を及ぼしてきました。私たちは磁石が引きつけ合う様子や、磁石から放たれるエネルギーが引きつけ合ったり離れたりする様子に魅力を感じてきました。昔は魔力を持つものと信じられていた磁石も、今は当たり前のように私たちの生活に存在します。磁石にゴムやプラスチックを貼りつけたものも溢れ、私たちの生活は一変しました。冷蔵庫の扉によく貼りつけられるそれらの磁石は量産され、これまでに何百万個も作られてきました。今では自由に折り曲げられる磁石もあります。

　この章では、自然魔術における磁石の使い道をいくつか紹介します。どんな魔法でもそうですが、磁石の力だけに頼るのは間違っています。磁石が持つ「引きつける」という、魔法のシンボル的な意味は明らかですが、儀式の間は磁石に頼り切るのではなく、視覚化をおこない、自分のパーソナルパワーを使わなければいけません。

　愛を表す赤、お金を表す緑、そして守護を表す白というように色が塗られたロードストーンもありますが、自然魔術には何の加工も施されていないシンプルなものを使いましょう。また、天然のロードストーンを見つけることができなければ、人工的な磁石を使って

も構いません。これから紹介する二つの儀式では、馬蹄（U字）型の磁石を使います。このような形のものは、天然の磁石ではありませんが、伝統的な魔法の道具に変わりはありません。

　天然磁石は、キャンドルやハーブのようにすぐに消費されてしまうものとは異なり、何回も使い回しができます。しかし、儀式を終える度に洗浄することをおすすめします。洗浄方法は簡単です。天然磁石を水または新しく掘り出した土の中に入れ、一晩そのままにしておきましょう。翌朝、水を拭き、土を振り払います。天然磁石を再び使う準備はこれで整いました。

　もう一つ注意点があります。強い磁石は、電子機器から離しましょう。特にビデオテープは中身が消えてしまうことがあるので、中身を消したい時だけ、天然磁石の近くに置きましょうね。

　それでは儀式に進みましょう。

◆敷地内に不幸を入り込ませない

　25セント硬貨（直径約2.5センチ）くらいの小さなロードストーン4個を陽の手に持ちます。玄関から時計回りに家の中を歩きます。歩きながら、ネガティブなエネルギーがなく、危険、危害を加えそうな訪問者とも無縁な家の状態を視覚化します。ロードストーンが、これらネガティブなものを吸収する様子を想像しましょう。

　同時に、次のような言葉を唱えてもいいでしょう。

意志によって引きつける力強い石よ
災いと不幸を取り除け

　何度も言葉を唱え、視覚化を続けたまま家中を歩きます。部屋を

全部まわり終えたら、外に出てロードストーンを埋めます(マンションの場合は、土でいっぱいにした植木鉢に埋めて、玄関先かベランダに置きます)。自宅に招き入れたくないネガティブなもの全てをロードストーンが吸収してくれる様子を視覚化しながら埋めましょう。

　ロードストーンは、家の近くに埋めて下さい。決して家の中に置いてはいけません。

◆恐れを追い払うために

　何か不安なことがある時、誰かを恐れている時、あるいは人前でのスピーチなど荷が重い予定がある時は、ロードストーンを川や湖、池に持って行きましょう。

　陽の手にその石を持ちます。石にあなたの恐れや心配な気持ちを注ぎ込みます。スポンジのように磁石がそれを吸い取り、あなたを苦痛から解放するのを感じましょう。

　あなたがエネルギーを注ぎ込んだことによってロードストーンが振動したら、水の中に放り込みます。投げ入れながら、ロードストーンに注ぎ込んだ、恐れのエネルギーを全て解き放ちましょう。これで気持ちが楽になります。必要だと感じた時に、また同じことを繰り返しましょう。

◆家に幸運を誘い込む

　「幸運」(フォーチュン)という言葉の代わりに、「運」(ラック)という言葉を使う人がいますが、「運」という言葉はいい運も悪い運も含むあいまいな言葉です。私はより前向きな「幸運」という言葉が好きです。

幸運を引き寄せる魔法では、まず陽の手に馬蹄磁石を持ちます。そして、磁石の力でいいエネルギーが家の中に引き寄せられていく様子を視覚化します。馬が群れとなって家に向かって走りながら、ポジティブなエネルギーを運んできてくれる姿を視覚化してもいいでしょう。

　数分間視覚化を続け、磁石にパワーを完全にチャージしたら、磁石の両端を上向きにして、玄関のドアの上の壁にかけます。あるいは、ドアそのものにかけてもいいでしょう（馬蹄磁石も馬蹄も、正しいかけ方には様々な意見があります。私は両端を上に向けてかけるのが好きですが、もし端を下に向けて飾りたいと思うならば、それでも構わないでしょう）。

◆治癒を手助けするために

　ロードストーンは、軽い痛みやうずきをいくらか軽減させるためにも使えます。もちろん、深刻な病気や怪我の場合は、医者に診てもらいましょう。

　磁石の「治療」効果を利用する儀式は、数多くあります。でも、もちろん、磁石はあなたを治すことはできません。医者でさえ、高価な機器、外科的な処置や薬をもってしても、患者が自らの力で身体を治癒する手助けしかできないのですから。

　しかしながら、磁石を治療の儀式として使うことは可能です。病巣の根源を引き出すのに使うことができるのです（ただし、物理的な原因ではないものに限ります）。少し例を述べましょう。

　背中の痛みには、痛みから解放される自分を視覚化しながら馬蹄磁石にパーソナルパワーをチャージし、その後ベッドのマットレスの下に磁石を忍ばせます。最低１カ月はこの上で寝ましょう（つい

でに、マットレスがやわらかすぎないかチェックしましょうね)。

　また、ちょっとした痛みを取り除くためには、磁石が痛みを吸収するのを想像しながら、痛みのあるところを磁石でなでるか、その少し上で磁石をそっと動かします。この方法は頭痛にも効きます。

　一般的な治療には、ヒーリングのエネルギーをチャージしたロードストーン5個と青いキャンドル1本を用意します。キャンドルをキャンドルスタンドに立て、火を灯します。5個のロードストーンは、キャンドルの周りに円を描くように置きましょう。痛みが消えるまで1日最低15分はキャンドルを灯します(この場合、ロードストーンはヒーリングのエネルギーを放つためにパワーを貯蔵しているバッテリーの役割を担います。痛みや病気を吸収することはしません)。

◆愛を呼び寄せる

　誰かと安定した関係を築いている幸せな自分を視覚化しながら、小さなロードストーンにパワーをチャージします(もちろん、特定の人との関係を視覚化してはいけません)。石を手に持ちながら、次の、または似たような言葉を唱えましょう。

　下からも上からも
　引き寄せる石よ
　私にも引き寄せておくれ
　真実の愛を

　ロードストーンをピンクの布に包んでもいいでしょう。実現するまで、このお守りを身につけるか持ち歩くかします。

◆お金のための魔法

　１ドル紙幣の新札を１枚、小さなロードストーン１個、そして緑色の糸か毛糸を用意します。ロードストーンの周りに１ドル紙幣を巻き、糸または毛糸できつく縛ります。紙幣の包みを手に持ちながら、次の、または似たような言葉を唱えましょう。

　金属の石よ、パワーの石よ
　私は繁栄を好む
　この瞬間から富を届けたまえ
　それが私の意志だから、どうか叶えて

　その包みを身につけるか持ち歩くかします。商売を営んでいるのであれば、玄関に吊るすかレジに入れておきます。あるいは名刺の上に置いてもいいでしょう。その包みのエネルギーがお金を引き寄せている様子、そしてそのお金を賢く使っている自分の姿を定期的に視覚化しましょう。

◆磁石の風呂

　この儀式は、ロードストーンのエネルギーをユニークな方法で使います。魔法では、磁石は水のエレメントと関係が深いので、２種類のエネルギーを混ぜて使用します。

　いつもと同じ要領で風呂に湯を張ります。入る前に、両手でロードストーンを持ち、叶えたい願い（ヒーリング、愛、守護、内なる力の目覚めなど）を石にチャージします。石が完全にチャージされたら、湯の中に入れます。そしてあなたも湯船に入り、ロードストーンによってエネルギーがチャージされた磁石の湯に浸かって下さい。

12. キャンドルの魔法

　1本のキャンドルが完全なる静けさの中に立っています。誰かがそれを手にします。無言で立つキャンドルに人間のエネルギーが注ぎ込まれ、パワーが与えられます。魔法の火花が起こり、炎が踊り始めます。火が土と出合い、水と風(ふう)を生み出します。ロウが溶けていきます。パワーが放たれました。

　毎年、何百万本ものキャンドルが様々な用途で使われています。レストランのテーブルを灯し、伝統的な宗教の祭壇で炎を揺らめかせ、廃墟となった建物の中にあるホームレスの部屋に光を提供し、バースデーケーキをキラキラ輝かせ、停電といった緊急時に明かりを提供します。
　その上、キャンドルは魔法でも使われます。その理由は、明らかで、次のようなものです。

・キャンドルには様々な色のものがあります。色は特定の魔法のエネルギーと直接関係があります。

・キャンドルはパーソナルパワーを吸収します。

・キャンドルを燃やすと一定時間エネルギーを放ち続けます。

　火がキャンドルの芯に触れた瞬間に起こる変化には驚くべきものがあります。灯されていないキャンドルそのものは、土のエレメントに属しています。しかし、火と接触するとキャンドルは溶け、液体状のロウ（水のエレメント）と煙（風のエレメント）を生み出します。キャンドルが民間の魔術で好まれる理由の一つがこの一見奇跡のような変化です。

　キャンドルの魔法はどれくらい人気があるのでしょうか。厳密に言うのは難しいですが、今日最もよくおこなわれている魔法でしょう。魔法に使う目的で、アメリカだけでもおそらく毎日何万本ものキャンドルが灯されています。

　キャンドルの魔法については既に実用的なガイドが数多くあるので、今まで私はあまり自分の著作には書きませんでした。しかし、キャンドルの魔法の人気を受けて、この本ではキャンドルの魔法について私独自の儀式をいくつか含めた方法を紹介しようと思いました。

キャンドルの種類

　キャンドルは蜜蝋でできたものがいいでしょう。さらに、魔法に携わる職人が天然の素材で手作りしたものが理想です。しかし、現実的には、ほとんどのキャンドルは灯油で作られ、人工的に色づけされ、工場で大量生産されています。

　蜜蝋のキャンドルは様々な色が入手可能で、最も大きな効果をも

たらしてくれますが、他の素材のキャンドルでも構いません。高価な手作りのものでなければならないということは決してありません。つまるところ、キャンドルは、魔術師のパーソナルパワーと火のエレメントのパワーを目的地に向かわせるツールでしかないからです。

　多くの場合、魔術師は、キャンドルの色を魔法の内容に合わせて選びます。

　繰り返しますが、色を合わせることが必須というわけではありません。色は、魔術師が正確に自身のパワーを注ぎ込めるよう手助けするだけだからです。キャンドルの魔法をおこなう時に、最も適した色のキャンドルを使うように心がけるのはいいことですが、目的の色が見つからない場合や手に入らない場合は、様々なポジティブな魔法に向いている白いキャンドルを使うといいでしょう。

　ここでキャンドルの色とそれに合った魔法を紹介します。自分で魔法の儀式を作る時に役立てて下さい（19.「自分だけのオリジナル魔法を作る」でこのクリエイティブなおこないについては詳しく述べます）。もちろん、このリストは私の研究と経験に基づいたものです。他の著者は、色に違う意味を当てはめていることもあります。

・赤………… 健康の維持、体力、身体的なエネルギー、セックス、情熱、勇気、守護、そして防御の魔法に関連する火のエレメントの色です。誕生と怪我の時に流す血の色なので、世界中で赤は生死に関連がある色と考えられています。

・ピンク…… 愛、友情や思いやり、リラックスの色です。自己愛を増大させる儀式での使用に向いています。結婚式

など気持ちをつなげるものに向いています。

- オレンジ… 魅力、エネルギーの色です。特定の人や物を呼び寄せたい時に燃やします。

- 黄色……… 知性、自信、占い、コミュニケーション、雄弁さ、旅行、そして動きの色です。黄色は風(ふう)のエレメントに属しています。視覚化する力を磨きたい時に、黄色のキャンドルを灯すといいでしょう。どのような勉強でも、勉強の前にあなたの意識に刺激を与えるために黄色のキャンドルを灯すとはかどります。勉強している間中、キャンドルを灯しておきます。

- 緑………… お金、繁栄、仕事、多産、治療、そして成長の色です。緑は、土のエレメントの色です。また、葉緑素の色合いでもありますので、肥沃な土地の色でもあります。仕事を探している時や昇給を望む時に灯しましょう。

- 青………… 治療、平和、サイキズム、忍耐、そして幸せの色です。青は水のエレメントの色です。また、海を含め全ての水の領域の色であり、眠りとたそがれ時を司る色です。睡眠傷害がある場合は、夜の間ずっと寝ている自分を視覚化し、そのイメージを小さな青いキャンドルにチャージします。ベッドに入る前にしばらく灯した後、炎を消します。また潜在意識を目覚め

させるために、青いキャンドルに願いをチャージして燃やしてもいいでしょう。

- 紫…………　パワー、重い病気の治癒、スピリチュアリティ、瞑想、そして宗教の色です。紫色のキャンドルは、あらゆるスピリチュアルな活動を刺激するため、またあなたの魔法のパワーを増すために灯します。また、青いキャンドルと組み合わせて、重い病気の治癒の儀式にも使います。

- 白…………　守護、浄化、その他全ての用途に使える色です。白は全ての色を含み、また、月とつながっています。白いキャンドルは、特に浄化や守護の儀式のために使われます。魔法のためのキャンドルを1色だけ手元に置いておくならば、白を選びましょう。使う前にパーソナルパワーをチャージすれば、ポジティブな用途全般に使えるでしょう。

- 黒…………　ネガティブなものを一掃または吸収する色です。黒は色の不在を意味しています。また、魔法では宇宙を表している色としても知られています。様々なうわさがありますが、黒いキャンドルは悪いエネルギーを追い払うためや、病気や悪い癖を吸収するといったポジティブな目的のために灯されます。

- 茶色………　動物に関係した魔法に使われ、多くの場合、他の色

と組み合わせます。例えば茶色と赤のキャンドルは動物の守護のため、茶色と青のキャンドルはヒーリングのために使います。

　もちろん、キャンドルは灯す前にパーソナルパワーでチャージしましょう。普段は涼しい場所に平らにして保管します。円柱形、奉納用、下が太くて上が細いテーパー型、そして「セブンデイキャンドル」と呼ばれる背の高いガラスの瓶に流し込まれたキャンドルなど、どんな形のキャンドルを使っても構いません。
　私の知っている魔術師のほとんどは、ライターではなくマッチを使ってキャンドルを灯します。プラスチックの物で魔法の儀式を始めたら、その魔力がいくらか弱まるのを知っているからです。

キャンドルスタンド

　どのような形のキャンドルスタンドでも構いませんが、一つの魔法で1本以上のキャンドルを使うことが多いので、同じデザインのものをいくつか揃えておきましょう。燃えてしまう危険性があるので、当然のことながら、木のキャンドルスタンドは使わないようにしましょう。

キャンドルの消し方

　もちろん、キャンドルが燃え尽きる前に消して構いません。むし

ろ、長時間燃やしたままのキャンドルをそのまま放置するのはよくありません。再び火をつけて使う予定のキャンドルを消す時には、私は唾で右手の親指と人差し指を濡らし、芯の根元をつまんで次のような言葉を唱えながら炎をもみ消します。

目の前の炎は消えてしまったが
まだ星となって輝いている

多くの読者から、どうしてシンプルにキャンドルに息を吹きかけて消さないのかと聞かれます。理由は簡単です。そうしたくないのです。火のエレメントに対する侮辱だと感じます。さらに重要なのは、炎を吹いて消すと、キャンドルに注ぎ込んだエネルギーがいくらか消えてしまうかもしれません。指で芯をつまむなどしてもみ消せば、キャンドルの中にエネルギーを閉じ込めることが可能でしょう。

次に紹介するのは、あなたがいない時に、キャンドルをそのまま燃やし続けておくための安全な方法です（比較的安全な方法を紹介していますが、危険を感じたらおこなわないで下さい）。

・キャンドルとキャンドルスタンドがすっぽり入る大釜のような大きな金属の鍋の中で灯しましょう。

・バスタブの中でキャンドルを燃やしましょう（自然魔術の魔術師の多くがおこなう方法です）。

・ガラスの瓶に入ったセブンデイキャンドルを灯しましょう。

・屋内の暖炉でキャンドルを灯しましょう。

通常、屋外の儀式、特に森の中でキャンドルを灯してはいけません。

キャンドル1本につき一つの儀式

　1本のキャンドルは、一つの魔法の儀式のためだけに使うのがいいでしょう。例えば、平和を促進するために青いキャンドルを灯したけど、呪文が終わっても、まだキャンドルの半分は残っていたとします。その短くなったキャンドルに新たにパワーをチャージして、潜在意識の覚醒などほかの目的のために使っても良いのでしょうか？

　答えはノーです。1本のキャンドルに対して魔法の儀式は一つです。私は使いかけが残らないように、たいていキャンドルを最後まで燃やしてしまいます。

◆多目的に使えるキャンドルの魔法

　これは、どのようなポジティブな魔法にも使えて素早くできる、簡単な儀式です。必要なものは、願いに合った色（前述のリスト参照）のキャンドルを1本とキャンドルスタンド（セブンデイキャンドルでは不要）、そしてマッチです。

　準備が整ったら、両手のひらでキャンドルを挟みます。

　深く息を吸います。叶えたい願いが実現した様子を視覚化しましょう。そして、両手に挟んだキャンドルに、集めたパーソナルパワーを注ぎ込みます。

エネルギーが注ぎ込まれるのを感じましょう。

魔法に合った言葉を唱えてもいいでしょう（19.「自分だけのオリジナル魔法を作る」の記述に沿って、オリジナルの呪文を作ってもいいでしょう）。ただ、何を現実に起こしたいかを言葉にするだけです。

キャンドルをキャンドルスタンドに立てます。キャンドルの上でマッチに火をつけ、マッチの火をキャンドルに向けて下ろします。芯に火をつけます。

まだ火がついているマッチを耐火性の器に入れるか、手首を素早く動かして火を消します。

キャンドルの炎の周りに手をかざします。エネルギーを感じましょう。願いを強く視覚化します。

そしてその場を去り、キャンドルが魔法のパワーを発揮するのに任せましょう。

様々な目的に使える魔法を手始めに書きましたが、次に私のお気に入りのキャンドルの儀式をいくつか紹介します。きっと大きな効果を得られるので試してみて下さい。自分だけの呪文も自由に作ってみて下さい。

◆ヒーリングの炎

次のものを準備します。

・紫のキャンドル３本と青いキャンドル３本（または、青いキャンドル６本）
・同じ形のキャンドルスタンド６本

・自分の写真

　魔法をおこなう場所の中央に、自分の写真を置きます。写真の周りに円を描くように、キャンドルスタンドを立てます。
　前述したようにキャンドルを両手に挟み、次の言葉を唱えながら、キャンドル1本1本にパワーをチャージします。

病を燃やし
炎に収めよ
病を燃やせ
不具にするものを
病を燃やせ
あなたの力で
病を燃やせ
あなたの光で
病や痛みから私を救っておくれ
私を癒しておくれ
毒のあるもの全てから
私を治癒し
自由にしておくれ
私の意志で
どうかお願い

　あるいは、キャンドルにパワーをチャージしながら次のような言葉を唱えましょう。

東、南、西、そして北のパワーでチャージする
土、風、火、そして水のパワーでチャージする
太陽、月、そして星のパワーでチャージする
この病、その根源、そしてその兆候から
私を癒すために！
どうか癒したまえ！

（あなたにとって、力を感じる言葉を選びます。気持ちがこもっていれば何を唱えても効果は期待できるでしょう）。

　キャンドルをキャンドルスタンドに立てます。残りのキャンドルにもパワーをチャージし、それぞれのキャンドルスタンドに立てます。紫のキャンドルと青いキャンドルの両方を使っている場合は、それぞれの色を交互に並べ、同じ色のものが隣り合わせにならないようにしましょう。

　キャンドルを灯し、部屋を去ります。最低15分は、キャンドルを燃やし続けます。

◆キャンドルを結ぶ

　勇気、健康、お金、守護、浄化、そしてスピリチュアリティなどに関して変化を起こしたい時に使える、万能な魔法です。満月の夜に（あるいは、そうでない時でも）、10〜12センチほどの短い、自分の願いに合った色のキャンドルを用意します。この呪文には、奉納のためのキャンドルや太いキャンドル、またセブンデイキャンドルは不向きでしょう。そして、キャンドルスタンド、キャンドルと同じ色か白い長さ30センチほどの綿の糸かひも、金属の皿などの耐火性の器を用意します。両手のひらでキャンドルを挟みます。これ

から手に入れる変化を多いに楽しんでいる、新しい自分の姿を視覚化します。

望む変化を表す呪文や簡単な言葉を口にしましょう。

キャンドルにパワーをチャージします。

キャンドルスタンドにキャンドルを立てます。糸またはひもを手に取ります。両手で両端を持ち、ピンと張るまで引っぱり、しっかり願う変化を視覚化しながら、糸にエネルギーを注ぎ込みます。

糸をキャンドルの真ん中あたりに巻き、きつく結びます（糸の端は、緩く垂れ下がるように）。最初の結び目を作ると同時に、唱えましょう。

結び目を結んだ
変化がもたらされた

もう一度この言葉を唱えながら、二つ目の結び目を結びます。三つ目の時も同じ言葉を唱えます。

キャンドルを灯します。炎が結び目を巻き込むまで、燃やし続けます。2週間、もしくは何か変化が現れるまで毎日新しいキャンドルを灯します。

（キャンドルの炎が糸に移るので、キャンドルは必ず耐火性の器の上で燃やしましょう！）。

◆キャンドルのパズル（守護の儀式）

大きさ、形、そして色が同じ白い奉納キャンドルを13本、透明なキャンドルスタンドを13台、そしてサンダルウッドの精油を用意します。

最も闇が深い新月の日に、自分を表すキャンドルを1本選びます。そのキャンドルを両手のひらで挟み、キャンドルに守護のエネルギーをチャージします。キャンドルを額に当てます。次に、お腹に当て、どちらかの足に当てます。それから、サンダルウッドの精油をキャンドルにすり込みます。キャンドルをキャンドルスタンドに立て、魔法をおこなう作業台の真ん中に置きましょう。
　他のキャンドルは、エネルギーをチャージしないまま、それぞれのキャンドルスタンドに入れます。それから、下記の図のような番号順に、キャンドルを並べます。

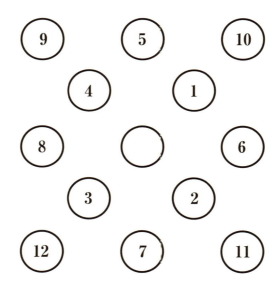

　最初に選んだキャンドルに火をつけます。それから、どのような順番でもいいので他のキャンドルも火を灯します。立ち並ぶキャンドルの上に手をかざし、あなたを丸ごと映して包み込み、守ってくれる鏡に囲まれている状態を視覚化します。そして、次の言葉か、

似たような言葉を唱えます。

私は誰？
私はどこ？
この中で私はどれ？
謎だらけ、謎だらけ
私を傷つけることはできない！

　陰の手の親指と人差し指の先を濡らします。恐れを見せず器用に、自信に満ち溢れたしっかりとした動きで、真ん中のキャンドルの炎をもみ消します。それからそのキャンドルを、暗い色の箱またはあまり使用されていない洋服ダンスに入れるか、他の部屋に持って行きましょう。

　再び、作業台に戻ります。残りのキャンドルの炎をしっかり見つめます。自分が魔法で守られている状態をもう一度視覚化した後に、その場を去ります。これらのキャンドルはそのまま15分燃やし続けます。それから、部屋に戻ってもみ消します。

　必要に感じた時に、この儀式をまたおこないましょう。

　（サンダルウッドの精油がなかったら、オリジナルの守護のオイルを作りましょう。ベニバナかホホバの油1/8カップに、乾燥バジルを大さじ1、乾燥セージを小さじ1、シナモン小さじ1、そしてベイリーフ1枚を混ぜます。

　ハーブから香りが出るまで精油を優しく温めます。冷ましてからコーヒーのフィルターで濾して、瓶に入れ、ラベルを貼って必要な時に使いましょう）。

◆愛を呼び込む

　誰かを愛し、愛されたいと感じたら、ピンクの奉納キャンドル１本、奉納キャンドル用のキャンドルスタンド１台、７センチ四方の紙１枚、シナモンスティック１本、小さな耐火性の器、器を乗せるタイルか金属の台、そしてピンクの糸とマッチを準備します。誰かと満ち足りた関係を築いて楽しんでいる自分を視覚化します。紙をタイルか金属の台の上に乗せます。陽の手のひらをその紙に当てて、次の言葉を唱えます。

　上からの愛
　下からの愛
　中からの愛
　愛の光を持って来て

　唱え終わったら、紙はタイルか金属の台の横に置いておきます。
　さあ、今度は先ほどの言葉を唱えながら、そして視覚化を続けながら、キャンドルを両手のひらに挟んでパワーをチャージしていきます。
　終わったら、キャンドルをキャンドルスタンドに立て、キャンドルスタンドごと紙の上に乗せます。
　キャンドルの芯に火をつけます。炎が燃え上がると同時に、炎の中にシナモンスティックの端をそっと入れます。
　すると、シナモンスティックに火がついて燃えるでしょう。
　13秒以上そのまま燃やし続けます。それからシナモンを炎から外し、タイルか金属台の上に乗せます。紙には近づけないように。炎は消えますが、シナモンはしばらくくすぶっているでしょう。

シナモンスティックの火が完全に消えたら、キャンドルスタンドの下にある紙を引っ張り出します。平らなところに紙を置き、もう一度先ほどの言葉を唱え、シナモンスティックの炭を使って紙の真ん中にとても小さなハートを描きます。その外側にさらに大きなハートを描き、そのまた外側にもっと大きなハートを描きます。

　描き終わったら、紙の真ん中にシナモンスティックを置きます。シナモンスティックを紙で包み、ピンクの糸で縛り、キャンドルの火が消えるまでそのキャンドルの前に置いておきます。そして、愛のお守りとして持ち歩きましょう。

◆ちょっとした願いを叶えるキャンドルの魔法

　ほとんどの魔法の儀式は、心からの願いを叶えるためのものですが、これはちょっとした願いを叶えるためのものです。誕生日におこなうのがいいでしょう。

　誕生日の朝早く、あなたの願いを表すシンボル（付録参照）か、2、3の言葉を選びます。アイスピックか鋭利なナイフの先で、願いに合った色のキャンドルにシンボル、または言葉を刻みましょう。刻みながら、パーソナルパワーをキャンドルに注ぎ込みます。そして、願いを視覚化しましょう。

　そして、キャンドルをキャンドルスタンドに立て、炎が消えるまで燃やします。

13. 星の魔法

星の光よ、星の輝きよ
今夜見る一番星よ
どうかどうか、お願いします
今夜、私の願いを叶えて下さい

　標高およそ1,500メートルのラグナ山脈にいた時でした。とっくに夜中を過ぎていましたが、興奮し過ぎて眠れずにいました。目を閉じて眠る代わりに、古い松の木々の先に広がる空に目をやりました。そのどこかにそれがあるはずでした。でも一体どこに……。
　そしてその時、ついに見つけました。どうしてだかわかりませんが、直感的に感じたのです。周りの星とは違う星がそこにありました。その星から尾が伸びているのもあと少しで見えるようでした。
　「おい！」と私はあくびをする仲間たちに声をかけました。「見つけたよ！」
　「何を見つけたんだ？」と疲れた声が一斉に返ってきました。「ハレー彗星だよ！あそこにある！ついに見つけた！」
　皆ブツブツ言っていたのを覚えています。思い返せば、前年の1985年の冬にも、同じラグナ山脈の山に登り、彗星を見つけるため

に天文台を目指したのでした。しかし、その晩はなぜか天文台が閉まっていました。彗星を発見することに失敗した私たちは、山を下り、次の春に彗星が「再び戻ってくる」のを待っていたのです。

そして数カ月が経ったこの時、私はハレー彗星を見つけたと感じたのでした。後ではっきりしましたが、その時探し当てたのは本物でした。

散らばる星の海の中で、かすかな円錐形の光だけが目立っていました。燃えさかるその星には、どこか特別で魔力に満ちたものを感じました。眺めていると、同じ山脈で星の観察をした昔の記憶が呼び起こされました。それと同時に、この不思議な光が生み出す魔法も思い出したのです。

（この章の始めに載せた歌は、英語圏の人々の間ではよく知られているものです。子どもの頃にこの歌を覚えた私は、毎晩一番星を見つけた時にこれを歌いながら願い事をしていました）。

都会からほど遠く、人工的な照明が空を覆っていない場所であれば、はっきりと星を見ることができます。砂漠や山頂、あるいは人気のない平野で空を見上げれば、毎晩繰り広げられる何とも不思議で美しい光景に心を奪われます。私たちの先祖も、このような暗がりで星がきらめく空について学んだのでしょう。

月の出ていない晴れた夜には、空は星の大群でほとんど覆い尽くされます。黒いベルベットの上にまき散らされたダイヤモンドのように、星は明るく、優しく輝いています。驚くほど遠くにある不思議なその存在は、私たちが眠っている間も私たちを照らしてくれています。

あまりにも長い間、私たちは地面を、道を、そしてテレビを見過ぎてきました。空で輝いていた私たちの「スター」は、姿を見せる

度に何百万ドルも請求する人間のスターに取って代わられてしまいました。1960年代には絶大な人気を誇った宇宙計画に対してでさえも、人々の関心は衰えてしまったようです。

　この章で、占星術、あるいはその前身である天文学について議論するつもりはありません。星に関連する学問や儀式、瞑想や魔法の面白い事柄を集めています。中には、何世代も伝承されてきた、かなり古いものもありますが、多くは私が作ったものです。

星の魔法の進め方

　このようなタイプの自然魔術には多くの道具はいりませんが、澄み渡った夜空が必要です。都会に住んでいるのなら郊外や野原、山に出かけるといいでしょう。旅は、時間を超越した魔法と向き合う最高の機会を与えてくれます。

　人工的な明かりから遠ざかれば遠ざかるほど、より多くの星を見ることができます。そして、星が見えれば見えるほど、強い魔法のパワーを得ることができます。たとえ、都会の近くに住んでいても、夜には明るい星は見えるはずです。ベストを尽くしましょう。

　一方で、星を見るための特別な旅に出かけても、空が雲で覆われていたり、厚い霧がかかっていたりする場合もあるでしょう。そのような時は状況を受け入れて、別の魔法に切り替えるといいでしょう。

　星の魔法に完璧を求めてはいけません。なぜなら、人間の手で空をつかむことはできないからです（小さな隕石を手にすることならできるでしょうが）。しかし、星とそれらが放つエネルギーを使って、

私たちの生活をよりよい方向へと導くことはできます。

空を知る

　空を見上げた時、星座を見つけることはできますか。おおぐま座の北斗七星やこぐま座の小北斗七星、カシオペア座やおうし座、またはオリオン座がわかりますか。私はいつもこれらの星座を見つけます。あなたも同じように見つけられるようなら、夜空の知識をより深め、知っている星座をどんどん増やしましょう。

　星座についてあまり知らないようでしたら、図書館から本を借りて勉強してから（推薦する本は巻末を参照）、夜間に外出してみましょう。最低でも一つは見つけられる星座を作るように努力をしてみて下さい。

　夜に屋外にいる時や窓から外を眺める時に、その星座を探します。当然のことながら、星座は大きな円を描きながら空を移動しているので、同じ場所にはありません（もちろん、星が移動するのは地球そのものが回転しているからです）。星座の位置を覚えておけば、時間が経って星座が移動しても、あなたにとって宇宙の道しるべとなるでしょう。

　多くの天文台や公園、大学が、星の鑑賞会や星座に関する講演を開いています。参加してみれば、星を知るいいきっかけとなるでしょう。

　夜空の研究を始めたら、次の段階に進みます。

あなたのパワースター

　そろそろ一つの星、あなたのパワースターを選ぶ段階です。空で一番光っている星である必要はありません。名前を知らなくてもいいでしょう。行き当たりばったりで選んでも構いません。ただし、見失わないように、目印に知っている星座の近くにあるものを選ぶのがおすすめです。必要な時にいつもこの星を見つけられないといけません（ただし、高い所で光る星に限られてしまいます。地平線に近い星は数カ月毎に消えてしまいます）。

　あなたのパワースターは、恐ろしく遠い所にありますが、物理的にエネルギーを届けてくれるでしょう。なぜなら、星は惑星ではなく、自ら光を放っている恒星だからです。恒星は、宇宙の生命力の現れです。だから、あなたの選んだパワースターは魔法に使うパワーを呼び起こす鍵となるのです。

　パワースターは慎重に選びましょう。多くの人は、いつも北半球で見られるという単純な理由で、北極星を選ぶようです。

　輝きも、点滅もない星を選んではいけません。点滅しない星は実は惑星です。地平線のすぐ上で光っている金星は、よく恒星と間違われるので注意しましょう。

　さあ、これであなたのパワースターが決まりましたね。その星を使って何をするかって？　まず、静寂に浸ることから始めましょう。外でリラックスして座ります。寒い時は暖かい服を用意します。目を閉じて、しばらく深呼吸をして気持ちを落ち着かせます。

　上空に顔を向けます。目を開けます。星を見つけましょう。そして、見ましょう。ただ見るのです。

あなたは既にその星の色に気づいたかもしれません（星によっては、淡い青だったり、赤みを帯びていたりしているでしょう）。その星に注意を向けます。その星について考えるのではなく、星と波長を合わせるのです。

　目が疲れないように、まばたきはいつも通りしましょう。もし気持ちが揺らぎ、他の星に視線が移りそうになったら、そっとあなたのパワースターに注意を戻します。2、3分はその状態を保ちます。

　あなたの星を見ながら、星が発するエネルギーを受け入れます。パワーを受け取るために、心を開きます。力強く、純粋で、冷たく、しかし同時に温かいそのエネルギーが、あなたの中に流れるのを感じましょう。

　幾晩もこれと同じことを繰り返します。空の秘密の扉を開く鍵は、あなたのパワースターです。この章で紹介するほかのどのような儀式をおこなう時でも、開始前にあなたのパワースターを眺めましょう。そして、波長を合わせます。頭上にきらめくすばらしい空全体に意識がいくように視界を広げてから、魔法の儀式や祭典をおこないましょう。

◆断ち切る

　この儀式では、ネガティブなものを自分から排出するために、星のエネルギーを使います。悪い慣習や場違いな感情、その他人間が抱える無数の問題を断ち切るために使います。

　屋外に座ります。

　あなたのパワースターと波長を合わせます。

　そしてあなたが抱える問題を視覚化します。自分が悩み苦しんでもがいている姿を想像し、そのイメージに自分のエネルギーを注ぎ

込んで視覚化を持続させます。
　腕を前に伸ばし、手を合わせます。視覚化したネガティブなものが頭から腕へ、そして手に移動するのを感じます。ネガティブな問題に関連するものを全て頭の中から捨てます。問題とその原因が手の中にあるのを感じながら、次のような言葉を唱えます。

　燃えるような星よ
　火の星よ
　かつて私のものだった
　これをあなたにあげる

　力強い、しっかりした動作で手を離し、腕を空に向かって振り上げ、星にネガティブなものを放ちます。
　ネガティブなものを身体から遠くに押し出し、天に向かって激しく回転させながら送り込みます。星のエネルギーがそれらを浄化して、性質を変えてくれるでしょう。
　必要に応じて、同じことを繰り返します。

◆**星の城**
　夜１人でいる時に危険な目に遭いそうな場合、この魔法の儀式を利用して、自分の周りに守護のドームを張り巡らすこともできます。完全にできるようになるまで、この儀式を練習しておくといいでしょう。そうすれば、必要になった時にどうすればいいか正確にわかるはずです。その感覚を覚えていれば、星が出ていない時でも、守護の力は星が出ている時と変わらず強くなります。
　屋外に立ちます（夜は、立っている状況の時の方が危険な目に遭

う可能性が高いでしょう)。

あなたのパワースターと波長を合わせます。

星々が光るパノラマの夜空を全て受け入れましょう。

星を抱くように腕を広げます。星のパワーが、素晴らしい閃光となってあなたに向かって降り注ぐのを感じます。それらを喜んで受け入れましょう。さあ、星のパワーがあなたのお腹の中に、鼓動を打つ光るエネルギーの球を作るのを感じましょう。そして、肌から出てきそうになるのを感じるまで光るエネルギーを大きくしていきます。それから、そのエネルギーがあなたの身体から出てあなたの前に集まってくるのを感じます。

星のパワーを動かしてみましょう。あなたの身体の周りで時計回りに回転させます。あなたを覆う半球になるまで回転の速度を上げます。次の言葉か、似たような言葉を唱えましょう。

星が回転する
星が光る
星が守ってくれる
全ての苦悩から
私を守って！
私を守って！
私を守って！

練習をすれば、この儀式は数秒でおこなえるようになります。

◆意識の橋（潜在意識を目覚めさせるために）
屋外に座ります。

目を閉じましょう。

深呼吸をしましょう。

リラックスします。頭の中に次々と浮かぶ質問を打ち消します。

さあ、目を開いて。

あなたのパワースターと波長を合わせます。

あなたの意識を抑え、暗い空を眺めます（首を痛めないように、寝転がりましょう）。星を眺めます。何も考えてはいけません。ただ眺めるのです。

星を一つ選びます（あなたのパワースターでも、それ以外でも構いません）。自然にまばたきをしながら眺め続け、ゆっくり円を描くように視線を動かします。そして星から視線を離し、ゆっくり螺旋状に外側に向けて視野を広げていきます。視線の動きを止めることなく、今度はまた内側に視線を戻し、始めの星に戻ります。

潜在意識が目覚めるまで続けましょう。知りたいことの答えが自然とわかるでしょう。

◆星を使ったスクライング

屋外に座ります。

目を閉じましょう。

深呼吸をしましょう。

リラックスします。頭の中に次々と浮かぶ質問を打ち消します。

さあ、目を開いて。

あなたのパワースターと波長を合わせます。

さあ、上空の星空に向かって、あなたの意識を広げましょう。

視線が、空のある一点から別の一点に自然に動くのに任せます。知っている星座を見つけるかもしれませんが、今まで見たこともな

い夜空に行きつくまで視線を動かし続けます。

　そっと答えの欲しい問いについて思いを巡らせます。占い師が水晶を覗き込むように星空を見ましょう。あなたの問いへの答えはあなたにしか見えない景色の中にあるでしょう。他のものと比べて一つだけ光が強いか、あなたの関心を引く星座があるかもしれません。

　そのような星を見つけたら眺めましょう。星々は、何の形に見えますか？　魚？　ボウル？　それとも四角形をしていますか。何か形が見えたら、それはあなたにとってどういう意味があるか考えましょう。星を通して、あなたの潜在意識があなたに見せようとしているものを知りましょう。

　◆星のパワーをチャージする
　この魔法は、夜空に月が出ていない時におこなうのが最もいいでしょう。まず、宝石などあなたが大切にしている物、あるいは魔法の道具に星々のパワーを注ぎ込みます。

　次に、チャージしたい物を屋外に持って行きます。

　リラックスして座り、あなたのパワースターと波長を合わせましょう。星のパワーをチャージしたい物を、陰の手で持ちましょう。

　それを空に向かって掲げます。次の言葉か似たような言葉を唱えます。

暗闇
光明
光の点
かすんで
光って

明るく輝く
この夜、私を照らし
この魔法の儀式で、私に祝福を！

　星のパワーを引き下ろします。一つ一つの星から、青白く輝く光が素早く、細い線のように流れる様子を視覚化します。その一つ一つの光の線が、集約されて１本の光る帯となって、大量にその物に注ぎ込まれる様子を想像しましょう。そして、唱え続けます。

ああ、天上の星の帯よ
私の手にあるものにチャージしておくれ！
力とエネルギーを貸して
私が今見るエネルギーを！
パワーが送られた、パワーは自由
これが私の意志。どうか叶えて！

　「パワーは自由」という言葉と共に、エネルギーの光を空に送り返します。エネルギーは流れ出てきた星に再び吸収されるでしょう。
　さあ、星のエネルギーをもらって振動している物に、今度はあなたの願いを視覚化して注ぎ込みます。そして、その物が果たすべき使命を注ぎ込みましょう。守護、繁栄、愛、平穏、平和、体力、勇気、潜在能力の覚醒などです。星のパワーは、全ての願いに使うことができます。
　定期的に必要と感じた時に、その物に星のエネルギーをチャージし直しましょう。
　（この一連の過程は、どのような魔法の儀式の前におこなっても

いいでしょう。星のエネルギーを物に移行させるのではなく、陰の手のひらを通して自分自身に取り込んでもいいでしょう）。

◆流れ星

　夜空を流れる一筋の光に、人間は長い間魅了されてきました。流れ星は、上空から落ちてきた星だと思われていた時代もあります。現代では、流れ星とは私たちの惑星の大気圏内に入ってくる、燃える小さな隕石であることを誰もが知っていますが、この情景は未だに私たちの気持ちに訴えてくるものがあります。

　毎日、私たちの大気圏内で何千もの隕石が燃えています。ですから、晴れている夜であれば、流れ星が見られる確率は高いでしょう。流れ星はある一定の時期に発生しやすいものです。地元のプラネタリウムや自然博物館、または大学に行って情報を収集しましょう。

　隕石を巡る魔法や儀式は山ほどあります。ヨーロッパの伝承は全て、流れ星が消える前に言葉を唱えたり、動作を終えたりするように伝えています。このような魔法をいくつか紹介しましょう。また同時に、似たような目的に使える新しい魔法についても紹介します。

　金運のためには、流れ星が消える前に「お金、お金、お金」と繰り返しましょう。

　傷を癒すには、流れ星が出ている時に布で幹部をこすってから、布を手から落としましょう。

　流れ星は、特に恋人や旅行者、病人に幸運をもたらすといわれていますが、流れ星が輝いている間であれば、どのような願いもきっと叶うでしょう。

　ただし、この魔法には一つ難しい点があります。隕石が突然空から降ってくる時に、私たちは即座に数を数えたり、願ったり、傷を

こすったりする準備ができていない場合がほとんどです。そこで、この難題を解決するよい方法を考えました。

　夜空を観察しながら、常に、流れ星を見ることができるかもしれないという心の準備をしておきましょう。そして、もし見ることができたら、次の言葉か、これに似たような言葉を唱えましょう。

　流れ星よ
　私の儀式にチャージして

　必要な時にすぐに言えるようにこの呪文を練習しておきましょう。流れ星の光の尾が消え去る前に言い終えられなくても、儀式を続けましょう。言葉を唱えたら、願いや、それが叶った姿を強く視覚化します。そして、流れ星の姿を忘れないようにしましょう。
　どうかあなたの目も、星のように光り輝きますように。

14. 雪の魔法

　『西洋魔法で開運 入門』を書いた後、視野が狭かった自分に気づき、後悔しました。雪や氷を使った魔法を研究していたにも関わらず、それらの魔法をこの本で紹介しませんでした。ここサンディエゴでは、何百万人もの人が1年のうちの数カ月を雪の中で過ごすことを忘れそうになってしまいます。

　そこでこの章を書きました。ここに書いた儀式の一つは、1989年の冬にミネソタ州セントポールにあるルウェリン・パブリケーションズ（原書を出版している出版社）への旅に出かけた時に作ったものです。他の雪の魔法は、山に出かけた時に思いつきました。サンディエゴから車でたった1時間離れた場所でも、しばしば深い積雪に見舞われます。また子ども時代にはミシガン州の丘でスノーチュービング（浮輪のようなチューブに乗って滑り降りる遊び）をしたり、ソリに乗って思いがけず松の木に突っ込んだり、本物の雪でかき氷を作ったり、その他あらゆる雪遊びを経験しました。

　次に紹介する魔法は、自然の雪を使いましょう。砕いた氷は、雪と同じではありません。過去に不便をもたらす雪を罵ったことがあるかもしれませんが、ここでは雪の新しい使い道を提案します。

　雪は素晴らしい素材です。固形のようで形を変えられる液体です。

これから紹介する数々の儀式のように、この特性を大いに利用する方法があります。

◆**悪い状況から抜け出す**

日中に、小さなボウルを持って屋外に出ます。ボウルをきれいな雪でいっぱいにします。雪を詰めた後、手袋をした手で平らにならし、すぐに屋内に入ります。

コートを脱いでから、テーブルの上に雪の入ったボウルを置きましょう。ボウルに手のひらをかざし、唱えます。

澄んだ雪
澄んだ白
私を助けて
この戦いに勝たせて

悪い状況や習慣が雪の中に閉じこもった様子を視覚化します。負のものがそこにあるのを想像しましょう。あなたに覆い被さっている負のパワーを雪の方へ追いやります。悪い習慣とその原因、そしてそこに宿る負のパワーを雪に移したのを感じます。手のひらを通して、負のエネルギーを雪の中に移動させましょう。

解氷用の岩塩を手のひら半分ほど、陽の手に乗せます。塩を見つめ、汚れを落とし、物を浄化する塩の性質を感じます。

雪の中にあなたの悪い習慣がまだ閉じこもっている様子を視覚化しながら、塩で表面が完全に覆われるまで雪の上に塩を振りかけます。そして、唱えます。

白の上に白
雪の上に塩
戦いに挑め
悪霊は去りたまえ

　次に、直径4センチ以下の小さな石を用意します。これを陽の手に持ち、悪い習慣や状況から解放される様子を視覚化します。そのネガティブなものによる束縛から自由になる姿を想像します。悪い習慣をつなぎとめている鎖を断ち切るために必要なパワーを自分が持っていることを自覚します。
　しばらく間を置いてから、塩のかかった雪の表面に石を乗せます。そして、唱えます。

塩の上の石
雪の上の塩
悪霊よ、動きを止めろ
悪霊は去りたまえ！

　ボウルの前に座り、中を見下ろします。よく見ましょう。そして、感じましょう。悪い状況、その原因、そしてそれに注いできたエネルギーを破壊する塩の浄化力を視覚化します。
　雪が溶けるに従って、悪い状況や習慣との係わりが全て解き放たれます。自分の無意識下にある欲望が、浄化の川、そして冷たい無気力な海となって溶けていく様子を視覚化し、感じます。
　塩が雪を溶かしたら、石をどけて、家の外に水を捨て（雪の下で眠っている植物の上にかけないように気をつけましょう）、家の中

に戻ります。

　使用したボウルと石を洗います。翌日まで大切に保管しておきましょう。

　一連の儀式を９日間続けます。視覚化を続けて下さい。同時に心のケアをしてくれるサポートグループなどにも相談しましょう。そして、とにかく続けるのです！

◆雪の形占い

　これは『西洋魔法で開運　入門』に登場する「海の呪文」と似ています。しかし、イメージを描くのに濡れた砂を使う代わりに、雪を使います。

　この魔法は、数年前に私が山を訪れた時に作りました。その時、友人が初めて雪を見たと言っていたのを覚えているので、間違いありません。

　60㎠ほどの、誰も手をつけていない雪が必要です。雪は最低でも数センチ積もっていた方が、いい形が作れるでしょう（積もっていれば積もっているほどいいでしょう）。さらに、なるべく新しい雪がいいでしょう。固くて、凍結した氷のような雪ではうまくいきません。

　雪の上にひざまずきます（あるいは、かがんだ方が心地よければそれでもかまいません）。魔法によって、もうすぐあなたの人生に訪れる変化を視覚化します。はっきりとイメージしましょう。

　さあ、しっかりした意志を持ち、願いをはっきりと視覚化しながら、右手の人差し指（または棒）で、願いを表したシンボル（付録参照）を描きます。

　シンボルを描き終えた後、もしあなたが望む変化が愛、治癒、ス

ピリチュアリティ、友情、浄化、あるいは潜在能力の覚醒に関するものである場合は、シンボルの周りに直径45センチほどの円を描きます。一方、望む変化が、守護、お金、生活の基盤作り、減量、勇気、あるいは似たような土の魔法に関わるものだったら、シンボルの周りに一辺が45センチほどの四角を描きます。そして、手から雪をはらい、その場を離れましょう。

◆雪の事故から身を守るお守り

　日用品を使って家で作れる簡単なお守りです。雪の中を長時間出かけなければならない時に身につけたり、コートのポケットに入れたりすれば役に立つでしょう。また、子どもの服に取りつけたり（赤ちゃんは避けましょう）、子どものポケットに入れたりしてもいいでしょう。雪の世界では事故がよく起こります。このお守りは、それを防いでくれます。

　注意：子どものためにお守りを作る場合は、子どもに何らかの形で製作に携わってもらいましょう。あるいは、自分の安全ではなく、その子どもの安全を視覚化しながら作りましょう。

　必要な材料はコショウの実1粒、塩、カイエンペッパー、生姜の粉末、クローブの粉末をそれぞれひとつまみずつです。また、一辺が10センチより小さい赤い綿の布と針、赤い糸とボウルが必要です。

魔法をおこなう場所に、材料を全て並べます。ボウルにコショウの実を入れ、守られていて安全な状態を視覚化しながら次の言葉を言います。

　守護のパワーをチャージする！

塩をひとつまみ加え、視覚化しながら言います。

安定のパワーをチャージする！

カイエンペッパーをひとつまみ加え、視覚化しながら言います。

温かさをチャージする！

生姜の粉末をひとつまみ加え、視覚化しながら言います。

守護のパワーをチャージする！

クローブの粉末をひとつまみ加え、視覚化しながら言います。

守護のパワーをチャージする！

　自分が安全に守られている時間を過ごしている様子を想像しながら、合わせたハーブを指で混ぜます。雪の上で滑って転んだり、ソリで木にぶつかったりする姿を想像してはいけません。
　次に、赤い綿の布の真ん中にハーブを移します。布を半分に折り、さらにその半分に折ります。ハーブがこぼれ落ちないように、針と糸を使って端を縫いつけましょう。
　必要と感じた時に持ち歩きます。毎年、雪の季節になったら、新しい守護のお守りを作りましょう。

15. 氷の魔法

　明け方。3月末の朝です。気候は温かくなってきましたが、急激な寒さが再び到来したところでした。
　湿った新聞を取りに外に出ると、光輝く木々の枝が氷で覆われ、まるでおとぎの国に足を踏み入れたかのようでした。
　氷が持つパワーを否定する人はまずいないでしょう。天候がもたらす被害の中でも、最も大きな危険を及ぼすのは氷かもしれません。しかし家の中では、氷は私たちの生活を豊かにしてくれます。
　私たちは氷を傷の手当てに使ったり、コップに入れて冷たい飲み物を飲んだり、氷の上にエキゾチックな食べ物を乗せたりします。その存在は、氷の張った道路を何とか運転して仕事に向かわなければならない状況に陥るまで忘れがちですが、氷は私たちの生活に役立ちます。
　そして、氷は魔法の力に満ちています。氷の親戚である雪と似ている面もありますが、氷にしかないユニークな使い道もあります。魔法的な見地では、氷は2種類のエレメントを混ぜたものとして考えられています。氷が水のエレメントを持つことは疑いの余地がありませんが、実はどっしりとした土のエレメントの面も合わせ持っているのです。

氷の変化する性質には驚くべきものがあります。これから紹介する魔法は、その性質を上手く利用しています。しかし、「氷の魔法は、氷点下でないとおこなえないのではないか」と疑問に思うかもしれませんね。
　そんなことはありません。もちろん氷の魔法は、冬に寒くなる地域に適した魔法です。小鳥の水浴び場が凍りつき、湖の表面が白く固くなったら、氷の魔法をおこなう絶好のタイミングです。しかし、温暖で太陽の照る地域に住んでいても、氷の魔法はできます。冷凍庫という文明の利器に頼ればいいのです。
　人工的な冷凍庫を使っても構いませんが、環境のことは忘れないようにしましょう。水を冷やし、凍らす冷凍庫は、オゾン層を破壊します。儀式に必要な物を出し入れする時は、冷凍庫の開け閉めを素早くしましょう。冷凍庫のドアを開けたまま何十ページにも及ぶ呪文を朗読することで、無駄に冷たい空気を逃がして、環境に悪い影響を及ぼさないようにしましょう。
　さあ、そろそろこの辺で、氷の魔法を始めましょう！

◆サクランボの氷（愛の儀式）
　小さなコップ２個、大きめの耐冷凍のボウル、水、そして無糖のサクランボジュースを用意します。
　魔法をおこなう場所にコップとボウルを並べます。コップに水を注ぎます。誰かと満ち足りた関係を築いている自分の姿を想像しましょう。繰り返しますが、相手は顔見知りの美男や美女ではいけません。架空の誰かと愛に満ちた関係の中にいる自分をただ感じましょう。
　水が入ったコップ２個の上に手をかざします。次の言葉か、これ

と似たような言葉を唱えましょう。

北風よ
冷たい風よ
今すぐ立ち上がれ
これを凍らせよ
私に愛を見せてほしい
私の言葉通り
叶えておくれ！

　コップの中の水が薄いピンク色になるまで、コップにサクランボジュースを注ぎます。それから、まだ視覚化を続けながら2個のコップの中の液体を、ボウルに入れます。陽の手の人差し指で、液体の表面にハートを描きます。
　屋外か冷凍庫の中にボウルを置きます。数時間待ちましょう。液体が凍らないようでしたら、もう少し待ちましょう。液体が凍れば、儀式は終わりです。パワーは放たれました（氷を溶かしても大丈夫です。魔法には影響はしません）。

◆**お金の風呂**
　この呪文は、凍らした水と凍らしていない水の両方と、金属を使用する少し複雑な内容のものです。しかし、おこなう価値はあるでしょう。
　この魔法をおこなうには、2.5センチ角くらいの氷を作る角氷用製氷皿、25セント硬貨を5枚、そして水が必要です。
　製氷皿を水でいっぱいにします。テーブルに置き、陽の手に25セ

ント硬貨5枚を持ちます。25セント硬貨のお金のエネルギーが、沸き上がって立ち上る姿を視覚化します。そして、そのお金のエネルギーを25セント硬貨の中に封じ込めるのです。お金を完全にチャージしたら、製氷皿の枠の中に25セント硬貨を1枚ずつ入れます。どこに入れても構いません。

　水と25セント硬貨の上に手をかざし、あなたにお金が舞い込んでくる様子を視覚化します。お金がもたらす利益を楽しんでいる自分も想像します。それから、製氷皿を凍らせます。天候によって、屋外で凍らせても冷凍庫で凍らせてもいいでしょう。氷が固まったら（しっかり固めましょう）、浴槽に熱い湯を張ります。湯が溜まる間、25セント硬貨を含んだ氷を製氷皿から抜き、皿かボウルにあけます。

　服を脱ぎます。氷のキューブを持って浴槽の縁に立ちましょう。次の言葉か似たような言葉を唱えます。

熱く、そして冷たい
私のためによく混ざって
私に繁栄がもたらされるように
手を貸して

　氷のキューブを浴槽の中に入れます。あなたも浴槽に入りましょう。湯に浸りながら、形を変えたお金のエネルギーを視覚化し、それを吸収しましょう。次にまた使う時のために25セント硬貨は保管しておきます。

◆氷に込める

　魔法は、個人的な変化のためのツールです。次に述べるシンプル

な魔法は、氷を使って私たちに変化と改善を加えるものです。

　まず、あなたの悪い習慣や性格を三つ書き出しましょう。リストの中には、皮肉屋、嫉妬深さ、誇張癖、罪の意識などが含まれるかもしれません。書きながら、ネガティブなエネルギーを言葉や紙に注ぎ込みます。そしてパーソナルパワーを注ぎ込みます。

　耐冷凍のボウルに水を入れます。陽の手の指を水に浸し、次の言葉か似たような言葉を唱えます。

あなたは、変化の道具だ

　さあ、水を張ったボウルに紙を入れます。それから、ボウルを屋外に出すか、冷凍庫に入れます。水が氷に変わったら、ボウルを室内に持ち込むか、冷凍庫から取り出しましょう。

　鍋に水を入れて火にかけ、湯を沸かします。氷をボウルから外します（氷を外せなかったら、ボウルの外側にぬるま湯をかけると外せます）。次の言葉か似たような言葉を唱えながら、氷を熱湯に入れましょう。

*　あなたが感じたパワーの全て*
*　私を支配するあなたのパワーの全て*
*　あなたのパワーの全てを溶かす*
*　これが私の意志。そうあらしめよ！*

　氷の塊は溶けるでしょう。溶けて、中にあった紙が自由になる様子を眺めながら、あなたを悩ませている問題がすっきり片付き、浄化される状況を視覚化します。

これで終わりです。

16. 鏡の魔法

　鏡は美しい魔法の道具です。月と水のシンボルで満たされているので、感情に訴えかける魔法で使うのに適しています。

　『西洋魔法で開運 入門』の中でも、鏡の魔法に１章分を割いたところ、読者から鏡についてたくさんのお手紙を頂いたので、この本ではもっと鏡の魔法について触れようと考えました。

　鏡は魔法に満ちた道具です。特定のエネルギーを引き寄せることも、追い払うこともできます。これまで悪いものから守るために、人々は鏡を家に飾ったり、動物につけたり、自分たちの洋服に縫いつけたりしてきました。鏡は、少なくとも２千年以上の間、魔法に使われてきました。

　鏡の魔法で最大の効果を得るためには、額のない魔法用の鏡を１、２枚購入しましょう。多くの儀式には丸い鏡が好まれますが、魔法によっては四角い鏡の方が適している場合もあります。

　この章に登場する儀式には、鏡に自分の姿やキャンドルの炎を映すものがあります。きちんと映せるように、飾り用の皿を立てるプレートホルダーや小さなイーゼルを使うといいでしょう。

　これらの儀式は、反射するという鏡が持つ独特の性質を利用したものです。

魔法のために鏡を準備する

　魔法に使用する鏡は、どのような鏡でも、魔法の前にささやかな儀式をおこなうことをおすすめします。鏡は水のエレメントに属するので、鏡の浄化には水を使うといいでしょう。
　浄化の方法は簡単です。夜におこなうのがいいでしょう。鏡より大きな器が必要です（バケツか大きなボウル、バスタブ、あるいは池、川、海でもいいでしょう）。
　水の中に鏡を浸しながら、次の言葉をいいます。

　ここにあったものを……

　鏡を水から取り出し、言葉を続けます。

　私は洗い流す

　これを13回繰り返します。毎回鏡を丸ごと水に浸し、そして水の中から完全に取り出します。もし、空に月が出ていたら、鏡を持ち上げて鏡にその光を受けるといいでしょう。
　それから鏡を乾かします。手に持ちながら、次の言葉か似たような言葉を唱えましょう。

　そなたは、魔法の道具になった
　私の儀式に手を貸しておくれ！

次に、青か白色の布で包み、必要になる時までどこか特別な場所に保管しておきましょう。

◆愛の魔法占い
次のものが必要です。

・丸い鏡1枚
・新鮮なバラを1本（あるいは、くちなし、ジャスミン、ラベンダー、オレンジ、プルメリア、シタキソウ、スイートピー、ゲッカコウ、スミレ、ヤロウといった甘い香りのする花）
・ピンクのキャンドル2本

この儀式は、夜におこなうのが最適です。
まず、鏡をテーブルの上に置き、その前に座ったら鏡に自分の顔が映るようにします。次に、ピンクのキャンドル2本に愛のエネルギーをチャージします。キャンドルスタンドに立て、鏡の両側にそれぞれ置きます（ただし、キャンドルが鏡に映らないように、鏡より後ろに置きましょう）。それからキャンドルに火を灯します。
鏡の前に座りましょう。自分の目を見つめ、誰かに深く愛されている自分を視覚化します。花を手に取り、鏡に花が映るように、鏡とあなたの顔の間に持ちます。そして次の言葉を3回唱えましょう。

輝け、鏡よ、輝け！
パワーで輝け
愛を反射して
この花から！

花の愛に満ちたエネルギーが、鏡の反射で跳ね返ってあなたの中に注ぎ込むのを感じます。そのエネルギーがあなたを変え、これから訪れる愛の出会いに備えてあなたを整えてくれるのを実感しましょう。

これを最低でも１週間は続けましょう。

◆鏡の要塞

必要なものは次の通りです。

・１辺が20センチ以上ある四角い鏡１枚。直径25センチ以上ある丸い陶器の皿１枚
・水
・白い奉納キャンドル１本（そして透明なガラスのキャンドルホルダー）
・小さい鏡を数枚。形や大きさはどのようなものでもよい

大きな四角い鏡を丸い陶器の皿に乗せます。鏡の四隅が皿からはみ出してはいけません。もしはみ出るようなら、もっと小さな鏡か大きな皿を用意します（他に何もなかったら、ボウルでも構いません）。

次に、皿の縁まで水を注ぎ、鏡を水で覆います。完全に鏡が水で隠れるくらい皿は深くなければなりません。

手のひらでキャンドルをはさみ、守護のエネルギーでギラギラと光る鏡に自分が囲まれている様子を視覚化しながら、奉納キャンドルに守護のパワーをチャージしましょう。そして、次の言葉を唱えます。

  私は、素晴らしい白い光に囲まれている
  私は、素晴らしい白い光に囲まれ、守られている
  私は、素晴らしい白い光に囲まれ、守られ、保護されている

 キャンドルをキャンドルホルダーに立て、皿に入った大きな四角い鏡の上に置きます。それから、キャンドルに火をつけます。
 その後、用意したいくつかの小さい鏡をうまく立たせ、キャンドル、皿、そして大きい鏡の周りに円の形に並べます。そのうちの何枚かは、キャンドルの炎を反射するように立たせましょう。
 準備が全て整ったら、並べたこれらのものの上に手のひらを下にしてかざし、次の言葉か似たような言葉を唱えます。

 火と水、鏡の光よ
 守護の力を全て貸しおくれ！
 月のガラス、そして水、キャンドルの明かりよ
 その反射で私を守りたまえ！
 悪いもの、毒のあるものを反射し
 近くにある危険を反射し
 私に痛みをもたらすもの全てを反射し
 この要塞で私を守りたまえ！

 キャンドルの炎で温められ、何枚もの鏡の反射を受け、保護され、守られ、安全で平穏な自分の姿を視覚化します。
 最低でも15分間はキャンドルを燃やしましょう。それから炎をもみ消します。水は再び使う時のために瓶に入れます。次にまた鏡の要塞を作らなければならない時まで、全ての物を丁寧に片づけ、見

えないところに保管しましょう。

◆ 幸せになるための魔法
　この魔法には、幸せにほほ笑んでいる自分の写真と丸い鏡が必要です。写真は、自分１人だけで写っているものでなくてはいけません。まず、鏡を直立するようにしっかり立てます。
　次に、写真を壁に貼りつけるか、近くのテーブルや椅子の上、その他どのようなものの上でも構わないので立たせます。鏡の中に写真が映るように配置します。
　鏡に写真が映っている状態を、少なくとも３分間は維持します。この間、楽しかった日々のことを思い出しましょう。思い出に浸ります。集中力が途切れ、現在の状況を思い返して悲しみの海に溺れないように気をつけましょう。幸せだった頃の自分に、しっかり意識を集中させるのです。
　さあ、鏡と自分の写真の間に座り、自分の姿を鏡に映します。悲しみが幸せへと昇華するまで、その状態を維持します。
　この魔法は、必要に応じて繰り返しおこないましょう。

◆ 鏡の縛り
　悪い慣習、考え、そして感情を追い払うための儀式です。
　小さな白い紙に、問題となっていることを正確に書きます。短い言葉で書きましょう。例えば次のように書きます。

　私は煙草を吸います。煙草の吸い過ぎです。煙草によって私の健康と人生は台無しです。

または、

　私は過去を引きずっています。現在を支配され、未来を曇らせてしまうほど過去を引きずっています。

　あるいは、もしかしたら、

　私は食べ過ぎます。自分のことを好きになれないほど、食べることが好きで食べ過ぎてしまいます。

　その他、どのようなことでも構いません。ただ、「私はもう煙草を吸いません」と書いてはいけません。今あなたが抱えている問題をそのまま書けばいいのです。他のほとんどの儀式とは異なり、問題の解決法を書いてはいけません。
　紙を裏返して、同じ言葉をまた書きます。そして、紙を2枚の四角い鏡の間に挟みます（鏡は紙を完全に隠してしまうくらい大きなものを選びましょう）。反射する面を向き合わせます。黄色の糸で2枚の鏡を結び、木か紙の箱に入れます。これをどこか秘密の場所に保管するか、住んでいる場所から遠い土地に埋めましょう。これで終了です。
　昔の悪い習慣にまた戻りそうになったら、紙にその問題を書き、さらに紙を裏返してもう一度書いたことを思い出しましょう。そして、鏡と一緒に縛ったことによって、あなたを支配する問題を封じ込めたことも。そうすればきっと、強い気持ちを持ち続けられます！

17. 願いの井戸の魔法

　毎年何百万もの人がおこなっている、とても単純な、ある動作があります。さんさんと太陽の光が降りそそぐ井戸（あるいは噴水や泉）を想像して下さい。私たちはなぜか突然、ポケットや財布の中に手を入れて、硬貨を探したくなる衝動に駆られます。無事に硬貨が見つかると、それを固く握りしめ、願い事をしながら井戸に硬貨を投げ入れます。このように、古くから伝わる伝統的な魔法を、そうとは知らずにおこなっている人は意外と多いのではないでしょうか。

　願いの井戸（そして、その前身である泉）は、北アメリカやヨーロッパ中にたくさん見られます。今も続く水の中に硬貨を投げ入れる習慣は、大昔からヨーロッパに伝わる民間魔術に由来しています。

　魔法的な見地では、願いの井戸を利用することで水のエネルギーが引き出され、願いが叶いやすくなると考えられています。水のエレメントのパワーは古くから人々に認められているものですし、願いを叶えてもらう代わりに代金を払うという形態もおこなわれてきました。

　普段、私たちはただ願い事をし、硬貨を井戸に投げ入れます。しかし、自然魔術師として言わせてもらうと、願うだけでは足りませ

ん。視覚化によって硬貨にパワーをチャージし、投げ入れながら短い言葉を唱えた方がいいでしょう。

　次に紹介するのは、願いの井戸、泉、池、プール、小川、そして噴水でもおこなえる魔法です。わかりやすくするために、この章では「井戸」という言葉で統一していますが、どのような形の水でおこなってもいいでしょう。

　また、必要に応じて、これらの魔法を繰り返すといいでしょう。

◆愛のための1セント

　(この魔法で使う1セント硬貨について、少し説明が必要かもしれません。昔の1セント硬貨は、銅で作られていました。そして銅は金星の金属であり、水のエレメントの金属でもあります。どちらも愛のエネルギーを保有しています。そのために、この魔法では1セント硬貨を使います)。

　不安定な関係を円滑にするために、あなたと相手がその愛に夢中で、楽しい時間を過ごしている姿を視覚化しましょう。陽の手に1セント硬貨を握り、視覚化から生まれるエネルギーを注ぎ込みます。それから、1セント硬貨を右肩越しに井戸に放り投げながら、次の言葉を唱えます。

　　王国のコインよ
　　金星の金属よ
　　私たちの間に何も起こらないと
　　保証しておくれ
　　私たちの愛を強めておくれ
　　この魔法の日に

*これが私たちの意志
そして行くべき道*

　注意：この願いは、双方が関係の修復を望んでいる場合のみに効果があるものです。

　◆願いの井戸の金運の魔法
　どんな硬貨でもいいので、陽の手で握りましょう。経済的に潤って、充分に満ち足りた生活をしている自分の姿を視覚化します。今よりももっとお金持ちになった自分を心に描くのです。このエネルギーを硬貨にチャージします。
　硬貨を握ったまま、次の言葉を唱えます。

*王国のコインよ
銀と金
私に返したまえ
百倍にして*

　硬貨を井戸の中に投げ入れ、続けます。

*私は水に呼びかける
私の魔法にチャージして
さあ、ここで
この魔法の井戸で*

◆潜在意識の魔法

　この魔法から大きな効果を期待したければ、1964年以前に作られたアメリカの銀の硬貨を使いましょう。この頃の硬貨は、本物の銀で作られていました。1964年以降の硬貨の多くは、卑金属の上に薄く銀を貼った物なので、このような魔法に必要なパワーが薄れてしまっています。

　手に硬貨を握ります。水を眺めます。気持ちを落ち着かせ、深く息をします。

　眉間の上あたりの額の部分を硬貨でなでて、潜在意識が眠りから目覚めるのを感じて下さい。

　あなたの潜在意識が、純白のバラが開花するように目覚め、意識上の地平線を昇る満月のように高まるのを視覚化します。

　それから、静かな夢心地な声で、硬貨を投げ入れながら次の言葉を唱えます。

予知能力
霊的な光
月の金属
もうすぐ私を目覚めさせておくれ

　そして、井戸、または泉のそばに座り、水の中を覗き込み、知るべきことを知りましょう。

◆浄化の魔法

　この魔法は、気持ちが落ち込んでいる時や人生がたちゆかなくなった時、あるいは恋人と別れた後など、必要に駆られた時に使う

といいでしょう。

　硬貨を4枚用意します。井戸のところに行く前に、ピカピカに輝くまで硬貨をきれいに洗いましょう（必要に応じて、重曹と歯ブラシで磨きましょう）。

　井戸の前で、陽の手に4枚の硬貨を持ちます。今あなたの人生にもたらしている不運を視覚化し、硬貨に注ぎ込みます。硬貨にあなたが抱えている良くない状況を注ぎ込むのです。幸せの障害となっているエネルギーが硬貨に入っていくのを感じましょう。

　西を向き、井戸の前に立ちます。井戸に硬貨を投げ入れながら、次の言葉を唱えます。

　私は、惜しみなくこれを手放す

　井戸の前で今度は北を向きます。中に硬貨を投げ入れ、唱えます。

　私は、惜しみなくこれを手放す

　井戸の前で今度は東を向きます。中に硬貨を投げ入れ、唱えます。

　私は、惜しみなくこれを手放す

　最後に井戸の前で南を向きます。中に硬貨を投げ入れ、唱えます。

　私は、惜しみなくこれを手放す

　これで儀式は終わりです。

（この儀式は、飲料水を汲むために使われている井戸でおこなってはいけません）。

◆美しさのために
　美しさは、見る人が判断しているのではありません。自分が自分のことをどう思っているか、その気持ちが反映されて表れるものです。誰もが抱える、自分の「欠点」にこだわりすぎると、せっかくの外見や内面の美しさを損ねてしまいます。この儀式は、自分をもっと肯定的にとらえることで、結果的に他人にもよりいい印象を与えるようにするためのものです。つまり、より美しくなるための魔法です。これはとても簡単な儀式です。陽の手に１セント硬貨を５枚持ちます。自分を美しい人間として視覚化します。メーキャップアーティストやライティングディレクター、撮影監督が、あれこれと手を加えて美しく仕上げる、お気に入りの映画スターを思い浮かべてはいけません。そうではなく、内側から美しさがにじみ出ていて、愛に満ち溢れた、開放的な自分の姿を視覚化しましょう。硬貨にそのイメージを注ぎ込みます。そして、硬貨を１枚井戸に投げ入れながら、次の言葉を唱えます。

自分が美しくなることを認めます。美しさを受け入れます

　残る４枚の硬貨にも同じことを繰り返します。これで終了です。

◆自宅に願いの井戸を作る
　近くに願いの井戸も泉も湖もなかったり、あるいは魔法をおこなうために家を出ることができなかったり、冬の寒さで屋外の水が全

て凍ってしまったような状況であれば、自宅に願いの井戸を作るといいでしょう。

　とはいうものの、「井戸」は自然の素材で作られたものでなければなりません。底に穴の空いていない、大きくて上塗りがされた陶器の植木鉢が理想的ですが、大きなボウルでも十分です。水のエレメントを表す青いものが理想的ですが、そうでなければならないということはありません。

　願いの井戸は、常に同じ場所に置いておきます。魔法をおこなう場所がいいかもしれません。投げ入れた硬貨を取り出す時だけに移動させるようにします。常に同じ場所に置いておくのが難しければ、普段はどこか秘密の場所に保管しておいて、使う時だけ取り出します。

　井戸に魔法のパワーをチャージするためには、硬貨1枚と井戸水の入った瓶が必要です。井戸水が見つからなければ、どのような水でも構いません。井戸となる植木鉢かボウルを平らな面に置きます。井戸の中に、2.5〜5センチほどの水を注ぎながら（器を水でいっぱいにする必要はありません）、次の言葉を唱えます。

*　この井戸の水の泡が*
*　儀式や魔法に命を注ぐ*

　陽の手に硬貨を握ります。まだ発見されていないパワーの源として井戸を見ましょう。水から光り輝く青い光が昇り、エネルギーが沸き上がって生まれ、魔法が作られる場所として井戸を視覚化するのです。

　硬貨を手に持ち、次のような言葉を唱えます。

深い水のパワーよ
あなたが抱えている霊的な秘密よ
パワーでこの願いの井戸を洗い
この瞬間から私の魔法をチャージして！

　最後の言葉を言いながら、硬貨を水の中に投げ入れます。それによって、水にエネルギーが与えられ、これから始める魔法の準備が整いました。
　これで、この章に書かれている魔法やあなたが考案する他のポジティブな魔法のために、願いの井戸を使用することができます。
　しかし、一つ覚えておいてください。井戸に投げた硬貨は、水のエレメントに捧げたものです。屋外の願いの井戸と同じように、硬貨はそのままにしておきましょう。
　願いの井戸をしばらく使ったら、硬貨も貯まってくるでしょう。貯まったら硬貨を取り出して乾かし、好きな慈善団体に寄付しましょう（このお金で自分のために何か買うのは避けましょう。まだ願いが実現していない魔法を駄目にしてしまうだけでなく、願いの井戸を使ってこれからおこなう魔法も台無しにしてしまう可能性があるからです）。硬貨を取り出したら井戸を新鮮な水で洗い、先ほどの方法で再びチャージします。
　また、貝や魔法のシンボルを描いた石、あるいは半貴石といった他の物を井戸に投げ入れてもいいでしょう。ただしお金ではない物を入れようと決めた場合は、井戸の中にある硬貨を全て取り出してからにして下さい。

願いの井戸で使う石

- 美…………アンバー、ジャスパー、オパール
- 勇気…………レッドアゲート、ブラッドストーン、カーネリアン、タイガーズアイ
- ヒーリング…アズライト、カルサイト、フリント、ガーネット、ジェイド、ターコイズ
- 愛……………アメジスト、ジェイド、ムーンストーン、オリビン、パール、トパーズ
- 金運…………アベンチュリン、ジェイド、ルビー、タイガーズアイ
- 守護…………アパッチティアーズ、シトリン、クオーツ・クリスタル（水晶）、ラバ
- 潜在意識……アクアマリン、エメラルド、ラピスラズリ

　願いの井戸の魔法で使う石は、このリストに出てくる石か、19.「自分だけのオリジナル魔法を作る」に出てくる石を使いましょう。魔法が効力を発揮し始めたら石は土に埋め、井戸は再びチャージします。

　あなたの願いの井戸——いえ、全ての願いの井戸——は、パワーに満ち溢れる場所です。尊敬の念を込めれば、魔法の効力もアップします。

18. 海の魔法

　海から遠い所に住んでいる人も少なくないので、『西洋魔法で開運 入門』では、海の魔法について書くことに迷いがありました。しかし、ふたを空けてみると、これが最も人気のある章の一つだったようです。ですから、今回の本では、海の魔法についてさらに詳しく書くことにしました。

　これまで紹介してきたように、魔法には水のパワーを使うものが数多く存在します。古い魔法の中には、「魔法のパワーは水の上を通らなければならない」と明記されたものもあるほどです。

　そして、特に世界中の海は、民間の魔術師たちから常に未知なるパワーの源として見られてきました。海の近くに住む魔術師たちは、海岸沿いでの儀式に長い時間を費やしてきました。海は、人々の思いと信仰に包まれています。数え切れないほどの長い年月、特に漁業で生計を立てる人たちから、海は生命の源として崇められてきました。時には優しく、時には激しく波打つ海のそばで、様々な願掛けがおこなわれてきました。

　『西洋魔法で開運 入門』で海の魔法について書いた後、私は、海のパワーとその謎についてより深く研究しました。儀式をおこなうためにできるだけ頻繁に海辺も訪れました。私の最初の師である

モーガン先生も、同じように海が好きでした。

　私たちは、よく人のいない砂浜でたき火をし、砂にシンボルを描き、儀式や祭礼をおこなったものです。あるいは、ただ座って、海の鼓動や頭上に光り輝く月、黒い波の上で青光りする泡に合わせて瞑想することもありました。陽が沈む前に行けば、白波で戯れるネズミイルカと出会えることもありました。

　あなたもこの章で紹介するような海の魔法をおこないたいと思うならば、次のルールを守ってほしいと思います。

1.　日暮れか夜に行きましょう。日中の海であからさまな儀式をすると、人だかりができる可能性があります。そうなると、魔法にいい影響はありません。夜に海辺に行くのを危険と感じるようであれば、早朝に行きましょう。常識を守りましょう。1年で最も暑い日に、魔法をおこなうために海を訪れれば、人の邪魔が絶え間なく入ったり、多くの人の目を引いたりするのは当たり前です。日中に儀式をおこないたかったら、肌寒い曇りの日がいいでしょう。

2.　家を出る前に潮の満ち引きを調べましょう。伝統的に、ポジティブな内容の魔法は（愛、癒し、お金、潜在意識の目覚め、旅行、勇気、そして守護など）、干潮から満潮に移行している時におこないます。反対に、病気や悪い慣習、執着などを追い払うための魔法は、波が砂浜から引いていく引き潮の時（満潮から干潮）におこないます。しかし、どのような魔法や儀式も、満潮時であればパワーをもらうことができます。1日に2回の満潮と干潮があります。その日の潮汐は、多くの新聞に記載さ

れているので確認しましょう。

3．道具は最小限にします。自然魔術をおこなう魔術師の中には、大釜、香炉、ナイフ、特別なコップ、ワインボトル、食料、ナプキン、本、テープレコーダー、コード、剣、ハーブ、石、そして貝、とたくさん道具を砂浜に持って行く人がいますが、その必要はないでしょう。屋外には、私たちの周りにエレメントが溢れているので、室内で使う魔法の装飾品や道具は必要ありません。必要な道具の多くは砂浜で見つけられるでしょう。サークルは石で作れます。小さな流木は、砂に魔法のシンボルを描く筆記用具として使うのに最適です。海辺で見つかる貝は、コレクター用の完璧なピカピカのものでなくても、儀式でパワーを運ぶ役割を果たしてくれるでしょう。ひょっとすると、海の魔法で最も必要なものは、懐中電灯（必要な時に暗闇を照らすために）、食料（儀式の後に食べるために）、そして場合によっては火をおこすための燃料かもしれません。それに加えて、それぞれの儀式に合ったものを一つ二つ揃えれば、それで十分でしょう。

4．着心地のいい服を着ましょう。日中の儀式だったら、水着と簡単な儀式用の服で十分でしょう。寒かったら、気温に合わせて着込みます。実際には、海に入らないかもしれません。特に夜、1人で泳ぐのは危険です。

5．魔法の内容は、簡単なものに留めておきましょう。海岸で火が燃え盛る大釜の周りを13人もの人が踊るような大げさな儀式は、

当然避けるべきです。また、雲から見え隠れする月明かりの下で、長い呪文を唱えるのもおすすめしません。可能であれば呪文は、暗記しましょう。言葉を暗記せずに夜間に魔法をおこなうのであれば、懐中電灯または火を明かりとして使いましょう。海辺の魔法は味気ないものではなく、霊感を感じるようなものでなければいけません。この章の中で、私はいくつか呪文や儀式を記していますが、これらは一つの提案にすぎません。あなたの直感を信じましょう。海辺の魔法は、最小限の言葉と動作、そして正しい視覚化が揃えば、驚くべき効果が得られます。

6. 偉大なるパワーの源として、世界の海に敬意を払いましょう。海の荘厳なエネルギーを感じましょう。どのような魔法をおこなうにも、儀式の前に海と調和することが大切です。

7. このリストの中で、これが最も重要でしょう。魔法が終わったら、掃除をしましょう。燃やしたお香やりんごの芯を置いたまま帰ったら、パワーはもらえないでしょう。海で拾った物は、持ち帰りましょう。また、砂をかけて火を消すのは、避けた方がいいでしょう。炭は何時間も燻り続けることがあります。砂浜を訪れている他の訪問者が、知らずに炭を踏んで火傷をする可能性もあるので火は海水をかけて消しましょう。

それでは海の魔法に取りかかりましょう。

◆準備の儀式

あなたが望むならば、海の儀式の前に準備の儀式をおこないま

しょう。この準備の儀式は、パワーの源である海と調和するためのものです。

波が最も高く崩れている箇所を選び、砂浜に静かに腰掛けます。海に向かって座り、目を閉じましょう。海の音に耳を傾けます。気持ちを鎮めます。波の音だけに耳をすまします。

正しい時が訪れたと思ったら、次の言葉、または似たような言葉を唱えましょう。

波が打ち寄せる
波が崩れる
波が激しく打つ
波が奪う
海のパワーを私に
海のパワーを私に

ここで止めましょう。目の前に広がる無限大の海のエネルギーを感じます。しばらくしてから、呪文を続けます。

水が流れる
水が和らぐ
水が膨らむ
水が動く
海のパワーを私に
海のパワーを私に

また止まってから、続けます。

陸と水の間のこの場所で
　　荘厳なパワーが支配する場所で
　　私は運命を創造する
　　そして、手に入る全てを

　　泡と波と砂浜の
　　青と緑の太古のものよ
　　私が目にしたパワーを与えておくれ
　　海と陸の間にあるそのパワーを

　　私からエネルギーを奪って
　　快くあげるから
　　あなたの謎を知るのに手を貸して
　　そして、私の魔法を実現させて

　座ったまま、必要だと感じる限り瞑想しましょう。もう十分だと感じたら、魔法に取りかかりましょう。シンボルを描いたり、海藻で神秘的な形を作ったりしながら、海に来た目的を果たしましょう。

◆調和の儀式
　これは、もう一つの準備の儀式です。あらゆる海の魔法の儀式の前におこなってもいいですし、これ一つだけを単独でおこなっても構いません。
　混み合っていない海岸へ行きます。潮と水と風の香りがして、自然が残り人工的ではない、人気のない砂浜がいいでしょう。
　夜明けか日暮れ、あるいは闇に包まれた時間帯に行きましょう。

新月の日がいいでしょう。

満潮の時が理想的です。

パワーと喜び、そして柔軟な心を携えて行きましょう。

靴を脱ぎ、靴下も脱ぎます。しなやかな（でも、しっかりした）乾いた砂に足を入れ、無数の石の粒を感じましょう。

水際まで歩きます。つま先を取り囲む冷たい液体が、あなたを誘い込むのを感じます。

湿った砂に足を沈めます。水のエレメントと溶け合い、一体化します。かがんで、手の指を1本水の中に入れます。

目を瞑りましょう。潮の香りをかぎます。海の気配を感じます。そして波の音に耳を傾けます。

指を唇に持っていきます。海の塩水を味わいましょう。

目を開きます。海を見つめましょう。

しばらくしてから、海から出ます。砂の上に座り、海と調和します。目の前に広がる陸と水が作りだす息の合った鼓動や、無限大の海の永遠のエネルギーを感じましょう。

その漠然とした世界に住む生き物の声にも耳を傾けます。

そして座ったままでいいので、自分の姿を視覚化します。立ち上がって何も恐れずゆっくりと前方へ歩いて行く自分の姿です。そして次に、水の中に突き進む姿を心に描きます。

イメージの中であなたは、沖に向かって泳いでいます。潮があなたを陸の方に、あなたの家に、そしてあなたのよく知っている、愛する全ての者の方へ引っ張るのを感じながら。しかし同時に、深い海の底から聞こえてくる呼び声も感じましょう。あなたの身体を巡る月の引力や、あなたの意識や魂に打ち寄せる水を感じるのです。

イメージの中で、今度は向きを変えて遠ざかっていた陸に向かっ

て戻ってみましょう。あなたの腕は（ひれではありませんよ）、強いでしょう。水を跳ね返す蹴りも立派です。陸が見えるまで、あなたは力強く泳ぎます。砂浜に向かいましょう。海水が浅くなっていくのを感じます。冷たい足に触れる固い砂を感じます。

　そしてイメージを続け、次は陸に上がりましょう。それから海を向いて座ります。五感を使って耳を傾け、聞き、味わい、感じ、そして見るのです。

　元いた場所に帰り着きました。また砂浜に戻ったのです。儀式が終わるまで、海の不思議を体験し続けましょう。

　陽の手の人差し指で、砂の上に次のシンボルを描きます。

　立ち上がりましょう。足の上の砂を払います。おこないたい魔法があれば、今がその時です。特になければ、後ろに３歩下がり、向きを変えて歩きます。しかし、海から離れていくのではなく、海と共に歩いているような気持ちで歩きます。波のサイクルがあなたの中で脈動するのを感じます。打ち寄せる波を聞き、塩辛い波のキスを味わい、潮の引き、そして満ちを感じます。そして、海から立ち去るのではなく、海を持ち帰るのだと感じましょう。

◆基本的な海の魔法

　これは、願いを引きつけるための基本的な儀式です。日中におこなって下さい。

石、貝、小さい乾いた海藻、小さな流木、その他波が打ち上げた自然の物が見つかるまで砂浜を歩きます。

　これらの中の一つを陽の手でしっかり握ります。叶えたい願いを視覚化します。その物にパーソナルパワーを注ぎ込みます。願いが叶ったあなたの人生を想像します。

　まだその物を手に握りしめたまま、海の方を向いて立ちます。波が8回行き来するのを待ちます。その間、パーソナルパワーを増大させていきます。9回目の波が打ち寄せると同時に、その物を海に投げ入れます。物を放すと同時に、あなたのパワーと視覚化した願いを解き放ちましょう。海にそれらをのみ込んでもらうのです。

　あなたの願いを叶えるためのエネルギーは動き始めました。

◆砂のタワー（追い払う儀式）

　潮が満ちている海岸で、砂のタワー（または「城」）を作りましょう。素早く、少なくとも5つのタワーを作ります。作りながら、抱えている問題をタワーに注ぎ込みます。そのうち波が高くなり、タワーをのみ込むでしょう。その際、次の言葉か似たような言葉を唱えます。

砂と海、風と太陽
追い払って！　パワーは注ぎ込まれた！

◆前世の回想

　この儀式はできれば誰もいない海岸で、1人でおこなうのがいいでしょう。瞑想する間に、突然荒波が打ち寄せて流されないように、十分に安全な位置に座ります。

干潮の時を選びましょう（満潮から干潮の間）。ゆったりとした服を着て、海を真っすぐ見ながら砂浜に心地よく座ります。目を閉じて、眉間の辺りに集中します（「第3の目」といわれる辺りです）。

　波の音に耳を傾け、何も考えないようにしましょう。頭の中が響き渡る海の音に満たされるまで、全ての感覚を閉じます。

　リラックスして座り、自分自身を波で満たしたら、頭の中で時間を遡ってみましょう。一つ一つの波で、どんどん昔に戻ります。砕ける波一つを、1日、1週間、1カ月、1年、10年、100年に当てはめていき、ここでいいと思うまで時間を遡ります。

　頭にイメージが浮かび上がったら、そのイメージをもっとはっきりさせてみましょう。その場所はどこですか？　あなたは誰ですか？　建っているビルや周囲の景色、他の人が着ている服に見覚えはありませんか？　そこにいる人の名前はなんでしょう？　ひょっとしたら声が聞こえてくるかもしれません。使われている言葉はなんですか？　自分の顔か、他の人の顔は見えますか？　その中で一番自分と近しい人は誰ですか？

　（どのような理由でも、怖くなったら目を開けて瞑想を終わらせましょう。この儀式の主導権は、完全にあなたにあるということを忘れないで下さい）。

　もうこれ以上何も浮かんでこないというところまで、その状態を続けます。それからゆっくり時間の波に乗って、再び頭の中で時間を遡り、現在に戻ります。それから目を開けて、ストレッチをして体を伸ばした後、魔法を手助けしてくれた海に感謝しましょう。

　一つこの魔法をおこなう際に覚えておきたいことがあります。それは、意識は時々私たちを騙すことがあるという点です。潜在意識が覚醒されやすいように、催眠術のような海の声を借りて意識を曖

昧な状態に落とし込むのはそのためです。それでも、浮かび上がってくる全ての情報は、よく観察するまで疑いの目をもって検証した方がいいでしょう。

　この魔法の最中に発見したものが気に入らない場合や、浄化する必要があると感じた場合は、海に足を洗ってもらいましょう。泳がなくても構いません。ただ、足を濡らしましょう。

◆貝殻の魔法
　この魔法は、愛やお金、健康など、様々な用途に使える魔法です。
　砂浜に貝殻がいつもゴロゴロと転がっているような海岸を選びます。満潮の1時間ほど前に、海に向かいます。波を見て、次の言葉か、これに似たような言葉を唱えましょう。

波のしぶきと砂によって
波と海によって
泡と陸によって
運ばれる私への貝殻

　砂浜を歩きましょう。できれば、波が砂を撫でた直後の波打ち際がいいでしょう。ハマグリの貝殻のような二枚貝の片方を探しましょう。世界中の海岸でよく見られる貝の種類なので、見つけるのに苦労はしないはずです。最低でも4センチほどの長さがあるものを選びましょう。大きければ大きい方がいいでしょう。小さな貝殻では、この儀式はうまくいきません。
　気に入った貝を見つけたら、手に取って、次の言葉か似たような言葉を唱えます。

砂浜にこぼれた貝殻よ
私が必要としているものを
手の届くところに運んでおくれ

　海水で貝を洗い、細かい砂や海藻を洗い落とし、家に持ち帰ります（着いたら真水で貝をすすぎたい衝動にかられるかもしれませんが、決してしないで下さい。塩は海の恵みです）。魔法をおこなう場所に置いてあるテーブルの上に貝を置きましょう。それから、次に記した物の中から、あなたの願いに合った物を用意します（もちろん一つの魔法に、一つの願いです）。恋愛運には、ピンクのキャンドルとバラの花びら。金運には、緑のキャンドルと砕いたクローブ。健康運には、青いキャンドルと砕いたセージ。ハーブは少量でいいでしょう。ハーブをボウルに入れます。ハーブに触れながら、魔法に合った言葉を唱えます。例えば、

　愛、愛、私に愛を

または、

　お金、お金、私のところに来ておくれ

または、

　健康、健康、私を治して

　ハーブに触れながら、願いを視覚化します。パーソナルパワーを

ハーブにチャージしましょう。貝にハーブを2、3つまみ入れながら、次のように唱えます。

海の中に愛（またはお金、または健康）を置く

　願いに合った色のキャンドルを灯します。キャンドルを真っすぐ持ち、キャンドルがしっかりと燃え始めるまで願いを視覚化します。キャンドルを傾け、ロウが貝の中のハーブを覆うようにロウを落としていきます。これは、少し時間がかかるでしょう。
　ロウがハーブを完全に覆ったら、キャンドルをもみ消して、道具を全て片付けます。海の青色をした小袋に貝殻を入れるか、青い布で貝殻を包み、願いが叶うまで持ち歩きましょう。

◆石の城（新居を見つけるために）
　海辺で小さな石をたくさん拾います。波が引くのを待ってから、素早く石を使って新居の大まかな輪郭を描きます。しかし、ここで輪郭を描くよりももっと大事なのは、新しい家に住んでいる自分を心に描き視覚化することです。
　描き終わったら、後ろに下がります。波が高くなるでしょう。波が石に到達し、石を転がし始めたら、願いのエネルギーが放たれ、実現へと向かうでしょう。

◆海藻の五芒星（守護のために）
　この儀式は、海藻をたくさん使う簡単な儀式です。数分間費やしてぬるぬるした海藻を探しましょう。長いものがいいでしょう。たくさんついている砂を海水で洗い流します。

それから、海藻を手に持ちながら（または、海藻の束を触りながら）、次の言葉か似たような言葉を唱えます。

海の草、海の草よ
私に守護を与えてくれ

　視覚化して、海藻に守護のパワーを注ぎ込みます。さあ、海藻を使って五芒星(ペンタグラムとも呼ばれる五角の星形)を作りましょう。五芒星の頂点は、海に向けます。なるべく大きく完璧に描きましょう。
　作り終わったら、しばらく海藻でできた五芒星の真ん中に座るか立つかして、それが放つ守護のエネルギーを吸収します。
　海藻の五芒星は、海で他のどのような魔法をおこなう際も、侵入者から自分を守る目的で、魔法をおこなう場所の近くに作ってもいいでしょう。

◆海を癒すための儀式

　この儀式は、世界の海のためにおこなう儀式です。現代では、海のはかなさについて皆よく知るようになりましたが、海水汚染は留まることを知りません。機会があったら、一度はこの儀式をおこなうためだけに海を訪れたいものです。あるいは、家でこの儀式をおこなってもいいでしょう。これは、自分のための個人的な魔法ではありません。海に捧げる時間です。生き残るための力を海に捧げる時間なのです（自分以外の人の行動も視覚化するので、この魔法は他の人の意志を踏みにじる行為、あるいは魔法を操る行為だと感じる人もいるかもしれません。そう考える人がいるのもわかります。

その場合は気になる部分の視覚化の内容を変えましょう)。
　まず、海水の中に歩いて入ります。水のエレメントと通じ合います。身体を濡らしましょう（泳ぐ必要はありません）。それから、砂浜にあがって砂の上に座ります。
　次に、一つずつこれから説明する光景を視覚化します。一つの視覚化から次の視覚化に進む前に、一つの視覚化をできるだけ長く頭の中に保ちましょう。

・汚染されていない、輝くきれいな海を視覚化します。月の光が降りそそぎ、無限大に広がる海に銀の光を散りばめています。あなたに向かって打ち寄せる波は、どれも力強く、汚れもなくきれいです。泡は、青緑色の光で輝いています。

・遠い場所にある、波を作り出す膨らみを視覚化します。そのパワーを感じましょう。生き生きとした、汚れのないきれいな海を視覚化します。

・暑い夏の日の砂浜を視覚化します。人々は皆ゴミを持ち帰っています。生き生きとした、汚れのないきれいな海を視覚化します。

・船が行き交う港を視覚化します。船の所有者も、乗組員も海を汚染したりしていません。生き生きとした、汚れのないきれいな海を視覚化します。

・海の近くの都市を視覚化します。そこに立つ工場は、海に有害物質を流すようなことはしていません。生き生きとした、汚れのな

いきれいな海を視覚化します。

・宇宙から見た私たちの惑星を視覚化します。水に囲まれたそこの生き物たちは、海が大好きです。生き生きとした、汚れのないきれいな海を視覚化します。

・汚染されていない、輝くほどきれいな海を視覚化します。太陽が照り、無限大に広がる領域を明るくしています。あなたに向かって打ち寄せては崩れる波は、どれも力強く、ピュアできれいです。泡は、白く光輝いています。水面の下では、きれいな水の中を魚が泳いでいます。波が打ちつける岩では、カニがぞろぞろと歩いています。花ポリプが珊瑚礁を作っています。イルカとアザラシが波の中でダンスを繰り広げています。クジラの鳴き声がこだまします。深い海の底では、サメが休むことなく泳ぎ続けています。海藻がゆらめき美しい影を作っています。そして、世界中の誰もが、海は私たちの母であり、大事にしなければならないものであることにやっと気づくのです。

　これらの視覚化を終えたら、もう一度海水に触れましょう。

19. 自分だけの
オリジナル魔法を作る

　あなたは魔法や儀式の練習に時間を費やした結果、もしかしたらもっと魔法について知りたいと思ったかもしれません。それとも、魔法の進歩が頭打ちになったと感じているかもしれません。あるいは、自分の状況にぴったり当てはまる魔法を見つけられず、いら立ちを感じているかもしれません。

　しかし、この章を通してあなたの中のパワーを探ってみれば、探していたものが見つかるでしょう。自分だけのオリジナル魔法を作ることは、自然魔術で最もおもしろい分野です。なぜなら、あなたの願いに合わせて、魔法をアレンジできるからです。あなた自身が作ったというだけで、この本に登場する他のどの魔法よりも強力かもしれません！

　この章に出てくる9つの指針に従えば、あなたの作った魔法は、大昔に記され、長年おこなわれてきた魔法と同等の効果が得られるでしょう。決して、古い魔法の方が新しいものより効果的だとは思わないで下さい。魔法的、また心理学的な見地から見てもこれは間違っています。古い魔法のほとんどは、動物の一部（カエルの骨、狼の毛）や、手に入れるのが不可能なもの（トードストーン——ひきがえるの石と呼ばれる、ひきがえるの体から取れると考えられて

いた、宝石、護符や解毒剤などに用いられた石）などが含まれています。しかし、より平穏になった現代では、このようなものを使った儀式は不快なだけでなく、違法でもあります。

　それに加え、百年前の魔法の中から、特定のドラッグへの依存を断ち切る呪文や新車を手に入れる呪文、はたまたストレスを解消する呪文を見つけるのは困難です。

　これまで、もし正しく魔法を実践してきていたら、結果も伴ってきたでしょう。結果が出たのであれば、実際魔法は効果があることもわかったでしょう。次は、特定の状況にぴったりとはまる自分の魔法を作る段階です。

　次に述べるのは、この章で取り上げるポイントを簡単にまとめたものです。

1．魔法の目標を定める。
2．どのエレメントのパワーを使うかを決める。
3．使う道具を決める。
4．（もしあれば）儀式に最も適した時間帯を決める。
5．呪文の詩やパワーを引き出す言葉を作る。
6．魔法を紙に書いてみる。
7．魔法を仕上げる。
8．道具を集める。
9．魔法をおこなう。

　上記の手順に従い、魔法の基礎理論に則った魔法をおこなえば、きっと成功するでしょう。
　それでは、それぞれのポイントを詳しく見ていきましょう。

魔法の目標を定める

儀式をおこなう理由、魔法で叶えたい目標や願いを決めましょう。具体的な方が好ましいですが、あまり具体的過ぎるのもよくありません。1979年製の白いキャデラックが欲しいと願うのではなく、きちんと確実に走る車がほしいと願いましょう。目標が具体的であればあるほど、願いは叶えられにくくなります。特に、愛の呪文を絶対に特定の人に向けて唱えてはいけません。

薬物依存を断つための魔法の場合は、依存の根源となっているものを断ち切ることを願いに含めるよう心がけて下さい。例えその依存を断つことに成功しても、依存の原因について取り組んでいなければ、単に他の薬物に移行するだけでしょう。

よく覚えておいて下さい。魔法は、気まぐれな思いつきのためのものではありません。願いを叶えるためのものです。

どのエレメントのパワーを使うかを決める

どんな魔法も、どれかのエレメントに属しています。そして通常、属しているエレメントと関連した道具を用います。しかし、いくつかエレメントと関連しない儀式もあります。

断ち切るための魔法は、どのような種類であれ、その断ち切りたい問題が属するエレメントと反対のエレメントの道具を使うことが望まれます。そのため、火のエレメントの支配下にあるコカイン依存を断ち切りたい場合は、水のエレメントの物を使うのが理想的で

す。

　魔法に使うエレメントを知るために、次のリストを参考にして下さい。ここにあなたの願いが記されていない場合は、リストの例を見て当てはめて下さい。

　中には、２種類のエレメントに属する願いもあります。組み合わせてもいいし、どちらかを選んでもいいでしょう。また、このリストはあくまでも私の解釈です。あなた自身が他の物を連想するようであれば、それでもいいでしょう。

●願いとそれに関連するエレメント

- アルコール依存を断ち切る………　土
- 動物を守る……………………　土
- マンションを購入する……………　土
- 美しくなる……………………　水
- 請求書の支払いが円滑に進む……　土
- ビジネスで成功する……………　土
- 車を購入する……………………　火
- 子どもを守る……………………　火
- コカイン依存を断ち切る…………　水
- 作曲がうまくできる………………　水
- 勇気が出る……………………　火
- 家庭内暴力を解決する……………　この章の「魔法の願いとその道具」を参照
- 記憶に残る夢を見る………………　風、水
- 潜在意識下で夢を見る……………　水

- 眠気を防ぐ……………………… 火
- 地球を守り、癒す……………… 土、風(ふう)、火、水
- 仕事に恵まれる………………… 土
- 友情を生み育てる……………… 水
- 罪から解放される……………… 風(ふう)
- 病や怪我を治癒する…………… 水、火
- 健康を促進する………………… 水、火
- 家を購入する…………………… 土
- 家を浄化する…………………… 水
- 面接で成功する………………… 火
- 嫉妬から解放される…………… 土
- 恋愛を成就させる……………… 水
- 魔法のエネルギーを増大させる… 火
- 結婚する(婚姻関係を強める)… 水
- メタンフェタミン(薬物)
  依存を断ち切る………………… 水
- 金運に恵まれる………………… 土
- 食べ過ぎを防ぐ………………… 風(ふう)
- 平和を願う……………………… 水
- 身体的、魔法的な力を強める…… 火
- 守られる(守護)……………… 火
- 潜在意識を目覚めさせる……… 水
- 浄化する………………………… 水、火
- セックスを充実させる………… 火
- 寝つきをよくする……………… 水
- 喫煙習慣を断ち切る…………… 水

・ストレスを緩和する……………… 水
・勉強がはかどる………………… 風(ふう)
・旅行を楽しむ…………………… 風(ふう)
・安全に旅行する………………… 火

　注意：依存を断ち切るための儀式は、カウンセリングやサポートグループへの参加などと同時並行でおこなって下さい。

使う道具を決める

　キャンドル、ハーブ、石、色、シンボルなど、様々な魔法の道具があります。あなたの目標に魔法的に関連するものを選びましょう。次のリストは、それぞれの願いに合った自然の道具を記したものです。願いの属するエレメントに全て関連しています。ここに書かれた道具を必ず使用する必要はありません。簡単に手に入るものを使いましょう。

　選んだ道具によって、魔法の基本動作が決まります。キャンドルを使うのであれば、キャンドルにパワーをチャージしてから火を灯します。あるいはキャンドル以外の道具であれば、シンボルを描いたり、ハーブと石を配合したり、バスタブや森に視覚化したイメージを放ったりなど、おこなう魔法の動作は様々です。

　儀式をデザインしやすいように、儀式の方法（道具を使って何をおこなうかなど）も次に記しています。リストにある色は、キャンドルや色布（ハーブを入れる袋に使う）、魔法のシンボルを描くためのインクを選ぶ際など、魔法の目標に直接関連するものを選ぶ上

で役立て下さい。

魔法の願いとその道具

●アルコール依存を断ち切る
- 色……………………茶色、または緑
- ハーブ………………サイプレス、パチョリ、セージ、ラベンダー
- 石……………………アメジスト
- 儀式の方法…………コップ1杯の水にアルコールを注ぎます。依存を断つために、これをむき出しの地面に流します
- シンボル……………

- その他………………支援してくれるサポートグループ。普通の石にパワーをチャージして、ポケットに入れて持ち運びます

●動物を守る
- 色……………………茶色
- ハーブ………………ペニーロイヤル、ラベンダー、シナモン、バジル
- 石……………………アゲート（どんな色のものでも）、クリソプレーズ、マラカイト
- 儀式の方法…………パワーをチャージした石で動物をさすります。パワーをチャージしたハーブと動物の写真（裏

に守護のシンボルを描いたもの）を共に布に包みます

- シンボル…………
- その他……………犬や猫の場合は、毛を少し使います。鳥は抜け落ちた羽根、ヘビは脱皮した皮を使用します。化石はどんな動物でも使えます。また、動物のスケッチや写真も使用可能です

●マンションを購入する
「家またはマンションを購入する」の項を参照。

●美しくなる
- 色…………………水色、またはピンク
- ハーブ……………ローズ、タイム、ラベンダー
- 石…………………アンバー、ジャスパー、エメラルド、オパール
- 儀式の方法………鏡の周りに、パワーをチャージしたハーブを円形に並べ、鏡に映ったあなたの姿を眺めます
- シンボル…………
- その他……………手鏡

●請求書の支払いが円滑に進む
- 色……………………緑
- ハーブ………………シナモン、クローブ、ナツメグ、セージ
- 石……………………アベンチュリン、ジェイド、ペリドット、タイガーズアイ
- 儀式の方法…………絵の上でキャンドルを燃やします。
- シンボル……………「支払い済み」のハンコが押された請求書の絵。絵の上に、お金のシンボルが描かれているもの
- その他………………本物の請求書

●ビジネスで成功する
- 色……………………緑
- ハーブ………………ベンゾイン、シナモン、パチョリ
- 石……………………ブラッドストーン、グリーントルマリン、マラカイト
- 儀式の方法…………レジの中に、パワーをチャージしたものを入れる
- シンボル……………4
- その他………………名刺

●車を購入する
- 色……………………赤
- ハーブ………………オールスパイス、シーダー、ジンジャー、ローズマリー
- 石……………………ガーネット、サルファー、タイガーズアイ

- ・儀式の方法………車を描いた絵で石を包みます。パワーをチャージしたハーブをキャンドルの周りに置きます
- ・シンボル…………あなたに向かってくる車の絵
- ・その他のツール…似たような車の写真。小さな鋼鉄の破片

●子どもを守る
- ・色…………………赤
- ・ハーブ……………キャラウェイ、マザーワート、シナモン、ヒソップ、ローズ、ラベンダー
- ・石…………………アゲート（どんな色のものでも）、アンバー、コーラル、ラピスラズリ
- ・儀式の方法………パワーをチャージしたハーブを布に入れ、子どもに渡すか子ども部屋に置きます。またはパワーをチャージした石が入った宝石を子どもに身につけさせます
- ・シンボル…………子ども1人 △

　　　　　　　　　　子ども2人 △△

　　　　　　　　　　子ども3人 △△△
- ・その他のツール…子ども（たちの）写真

●コカイン依存を断ち切る
- ・色…………………黄色。キャンドルの使用はおすすめしません！
- ・ハーブ……………アニス、ラベンダー、メース、セージ、レモングラス

- 石……………………アベンチュリン、ブルーレースアゲート、ローズクォーツ、アメジスト
- 儀式の方法………紙にシンボルを描き、ハーブと石にパワーをチャージして、黄色の袋にシンボルと共に入れます。いつも持ち歩きましょう
- シンボル…………
- その他……………サポートグループ、カウンセリング

●作曲がうまくできる
- 色…………………青
- ハーブ……………カモミール、ナツメグ、オリス、ローズ
- 石……………………アズライト、ブルーカルサイト、ジェイド、ソーダライト
- 儀式の手順………石にパワーをチャージして、コップに注がれたきれいな水の中に入れます
- シンボル…………好みの楽器であなたが作曲している姿のスケッチ

●勇気が出る
- 色…………………赤
- ハーブ……………オールスパイス、ホールブラックペッパー、タイム
- 石……………………水晶、ガーネット
- 儀式の方法………キャンドルの周りに石を置き、キャンドルを

灯します。パワーをチャージした石を手に持ちます
- シンボル………… 🌲

●家庭内暴力を解決する
- 色………………… 該当なし
- ハーブ…………… 該当なし
- 石………………… 該当なし
- 儀式の方法……… 該当なし
- シンボル………… 該当なし
- その他…………… 電話相談、女性相談室、地元の法的機関に今すぐ連絡しましょう！

●記憶に残る夢を見る
- 色………………… 青と黄色
- ハーブ…………… ラベンダー、レモングラス、レモンバーベナ、セージ
- 石………………… アメジスト、アベンチュリン、ムーンストーン
- 儀式の方法……… パワーをチャージしたハーブを布に入れて、持って寝ます。上記の石の一つが埋め込まれた銀のジュエリーを身につけて寝ます
- シンボル………… 👁
- その他…………… 夢日記（魔法を行う際に、夢日記のそばでキャンドルを灯してもいいでしょう。その場合、夢日記はベッドの横に置いておきましょう）

●潜在意識下で夢を見る
- 色……………………青
- ハーブ………………ラベンダー、レモングラス、マグワート、ナツメグ、ローズ、サフラン
- 石……………………アメジスト、アズライト、シトリン、ラピスラズリ、ムーンストーン
- 儀式の方法…………パワーをチャージしたハーブを布に入れ、持って寝ます。パワーをチャージした石を枕の下に入れて寝ます
- シンボル……………☾
- その他………………小さな丸い鏡を月明かりにあて、ベッドの上か近くに置きます

●眠気を防ぐ
- 色……………………赤
- ハーブ………………バジル、チリペッパー、ジンジャー
- 石……………………タイガーズアイ、レッドトルマリン
- 儀式の方法…………パワーをチャージしたハーブの香りをかぎます。日光の下で、パワーをチャージした石を水の中に入れ、乾かし、身につけます
- シンボル……………◉

●地球を守り、癒す
- 色……………………茶色と緑。キャンドルの使用はおすすめしません

- ハーブ…………… あなたの近所に生えている野生の葉や花を少し集めます。愛を込めて集めて下さい
- 石………………… 地面、あるいは川辺で見つけた普通の石。採掘された水晶は、おすすめしません
- 儀式の方法……… 視覚化。石にパワーをチャージして地面に置きます。苗木にパワーをチャージして、植えます
- シンボル………… ⊕
- その他…………… 宇宙から見た地球のカラー写真

●仕事に恵まれる

- 色………………… 緑
- ハーブ…………… オールスパイス、バジル、シナモン、ディル、セージ
- 石………………… ブラッドストーン、ペリドット、タイガーズアイ、トパーズ
- 儀式の方法……… 紙に描いたシンボルにハーブをこすります。キャンドルの周りに石を置きます
- シンボル………… ④
- その他…………… やりたい仕事の「求人広告」を書きます。給与、資格、労働時間、勤務地などを記します

●友情を生み育てる

- 色………………… ピンク

- ハーブ……………… カモミール、シナモン、コリアンダー、レモンバーム、ベチバー
- 石………………… アメジスト、クリソコラ、クリソプレーズ、ローズクォーツ
- 儀式の方法……… 仲間と一緒にいるあなたの写真の上にシンボルを描きます。ハーブや石にパワーをチャージして、持ち歩きます
- シンボル…………… ♡♡

●罪から解放される
- 色………………… 黄色
- ハーブ……………… アニス、ローズ、ローズマリー、スリッパリーエルム
- 石………………… アクアマリン、カルサイト、ローズクォーツ、塩
- 儀式の方法……… 石に罪の意識を込めて、空中に投げます。葉にシンボルを描き、ビリビリと裂き、高い所から空中に向かって投げます
- シンボル……………◇
- その他…………… ひもに罪を表す結び目を、一つ作ります。儀式の最中に結び目をほどきます

●病や怪我を治癒する
- 色………………… 青（傷や一般的な治療のため）、赤（病気を治すため）

- ハーブ……………ベイ、シナモン、ユーカリ、ペパーミント、セージ、サッサフラス、スペアミント
- 石…………………カーネリアン、ヘマタイト、ジェイド、ペリドット、ターコイズ
- 儀式の方法………パワーをチャージした石を風呂に入れます。パワーをチャージしたハーブで円を作り、その中でキャンドルを灯します
- シンボル…………

- その他……………魔法をおこなう場所に薬の瓶を置いておくか、もし時間があるようなら、瓶のそばでキャンドルを灯してから薬を服用しましょう

●健康を促進する
- 色…………………青
- ハーブ……………ベイ、シナモン、ユーカリ、ペパーミント、セージ、サッサフラス、スペアミント
- 石…………………カーネリアン、ヘマタイト、ジェイド、ペリドット、ターコイズ
- 儀式の方法………上記の「治癒」参照
- シンボル…………

- その他……………完璧な健康状態にある自分の写真

●家またはマンションを購入する
- 色……………………緑、または茶色
- ハーブ………………パインニードル、パチョリ、シーダー、バーベイン
- 石……………………オブシディアン、アパッチティアーズ、ヘマタイト、オニキス
- 儀式の方法…………シンボルを描いた紙に、パワーをチャージしたハーブと石を包み、家の形をした箱に入れます
- シンボル……………家の図面を簡単に描いた絵
- その他………………おがくず

●家を浄化する
- 色……………………白
- ハーブ………………ユーカリ、レモン、オレンジ、ローズマリー
- 石……………………水晶、塩
- 儀式の方法…………砕いたミックスフルーツにパワーをチャージして、各々の部屋に少量ずつ置きましょう。パワーをチャージしたローズマリーを燃やします。白いキャンドルを持って家中を歩きます
- シンボル……………（輝く家のイラスト）
- その他………………窓拭き用洗剤に、パワーをチャージしたレモンジュースを加えます

●面接で成功する
- 色……………… 赤
- ハーブ………… オールスパイス、ブラックペッパー、ローズマリー
- 石……………… アメジスト、ブラッドストーン、カーネリアン、タイガーズアイ
- 儀式の方法……… パワーをチャージした石を持ち歩きます。面接前に、パワーをチャージしたハーブが少量入った食べ物を食べます
- シンボル………
- その他…………… 自信に満ちたエネルギーを履歴書にチャージします。視覚化

●嫉妬から解放される
- 色……………… 青
- ハーブ………… カルダモン、コリアンダー、ディル、レモン、ローズ、ローズマリー
- 石……………… アメジスト、クリソコラ、ローズクォーツ
- 儀式の方法……… 細かく砕いたハーブを平らにならし、指でシンボルを描きます。そして、そのハーブを布に包み、持ち歩きます。石の中に嫉妬を解き放ちます。パワーをチャージした青いキャンドルを灯します
- シンボル…………

- その他…………嫉妬している相手に書いた手紙。その上にシンボルを描き、燃やします

●恋愛を成就させる
- 色………………ピンク
- ハーブ…………バジル、ラベンダー、ローズ、ローズマリー、タイム
- 石………………アメジスト、ジェイド、ムーンストーン、ターコイズ
- 儀式の方法………前述の石を含んだ宝石にパワーをチャージして、身につけます。キャンドルの周りに、ハーブと石で円を作ります
- シンボル…………♡ ♡♡
- その他…………コップ、水、指輪

●魔法のエネルギーを増大させる
- 色………………赤
- ハーブ…………オールスパイス、バジル、クローブピンク（生花）、ジンジャー
- 石………………ロードクロサイト、タイガーズアイ
- 儀式の方法………ハーブにパワーをチャージし、香りをかぎます。パワーをチャージした石を身につけます。鏡の前でキャンドルを灯し、エネルギーを吸収します

・シンボル…………

●結婚する（婚姻関係を強める）
- 色………………… ピンク、または赤
- ハーブ…………… バジル、カモミール、シナモン、クローブ、ラベンダー、ローズ
- 石………………… ローズクォーツ、ピンクトルマリン
- 儀式の方法……… ピンク、または赤のキャンドルの下に、シンボルを描いた紙を置きます。ハーブにパワーをチャージし、ベッドの下に置きます
- シンボル…………
- その他…………… 視覚化、結婚式のウエディングケーキに使われたキャンドル、写真

●メタンフェタミン依存を断ち切る
- 色………………… 青
- ハーブ…………… ラベンダー、ローズ、ペニーロイヤル、ペパーミント、セージ
- 石………………… アメジスト、ジェイド、ローズクォーツ
- 儀式の方法……… シンボルを描き、ハーブと石にパワーをチャージし、青い袋に全てを入れて持ち運びます。パワーをチャージした石を風呂に入れます。ベッドの横にパワーをチャージした新鮮なローズを置きます

- シンボル…………
- その他……………ボウルに水を溜めます（水で依存の気持ちを溶かします。水を足して依存心を「薄めて」から下水に流します）

●金運に恵まれる
- 色………………緑
- ハーブ……………バジル、クローブ、ディル、ナツメグ、パチョリ、パイン、セージ
- 石…………………アベンチュリン、ブラッドストーン、ジェイド、ペリドット、タイガーズアイ
- 儀式の方法………パワーをチャージした石でお金をこすります。視覚化しながらパワーをチャージしたハーブの香りをかぎます。パワーをチャージした石かハーブを土に埋めます。パワーをチャージしたキャンドルをキャンドルスタンドに立て、それを1ドル紙幣の上にのせ火を灯します
- シンボル…………$ ☿
- その他……………新鮮な土。塩。硬い紙に、1ドル紙幣を緑色のインクで描いたもの

●食べ過ぎを防ぐ
- 色………………黄色
- ハーブ……………アーモンド、キャラウェイ、ディル、フェン

　　　　　　　　　　ネル、ラベンダー、ローズ
・石………………………アベンチュリン、ガーネット、マイカ、ルビー
・儀式の方法……………ディルかフェンネルにパワーをチャージし、食べ物に散らします。食べる前に、パワーをチャージしたバラの花びらの香りをかぎます。パワーをチャージしたハーブと石を袋に入れて持ち歩きます。食べ物の上にシンボルを視覚化します
・シンボル………………—✕—
・その他…………………サポートグループ、カウンセリング、視覚化

●平和を願う

・色………………………青
・ハーブ…………………クミン、カモミール、ラベンダー、ペニーロイヤル
・石………………………アメジスト、アクアマリン、カルセドニー、ソーダライト
・儀式の方法……………石にパワーをチャージし、風呂に入れます。ハーブにパワーをチャージし、燃えるキャンドルの周りに置きます
・シンボル………………◉
・その他…………………優しい音楽、滴る水、静かな瞑想

●身体的、そして魔法的な力を強める

・色………………………赤

- ハーブ………………オールスパイス、バジル、クローブピンク（生花）、ジンジャー
- 石……………………ダイヤモンド、水晶、ルビー
- 儀式の方法…………パワーをチャージした石で身体をこすります。食事の間、パワーをチャージしたキャンドルを燃やします
- シンボル……………

- その他のツール…強い自分を視覚化する

●守られる（守護）
- 色……………………赤、または白
- ハーブ………………バジル、ベイ、ブラックペッパー、ディル、ジュニパー、パイン、セージ
- 石……………………カーネリアン、水晶、ガーネット、ラバ、塩
- 儀式の方法…………石とハーブにパワーをチャージし、キャンドルの周りに置きます。パワーをチャージしたハーブを持ち歩きます
- シンボル……………

- その他………………写真（パワーをチャージしたハーブを乗せる）、鏡、火か炎、曲がった釘

●潜在意識を目覚めさせる
- 色……………………青
- ハーブ………………アニス、ベイ、シナモン、ナツメグ、ペパー

　　　　　　　　ミント、ローズ
・石……………………アメジスト、アクアマリン、ラピスラズリ
・儀式の方法………パワーをチャージしたハーブの香りを嗅ぎます。パワーをチャージした石を身につけるか風呂に入れます
・シンボル…………☾　◯
・その他……………タロットカード、水の入ったボウル

●浄化する
・色……………………白
・ハーブ………………ユーカリ、レモン、オレンジ、スペアミント
・石……………………アクアマリン、カルサイト、水晶、塩
・儀式の方法………水に浸したハーブで洗浄します。パワーをチャージした石を置いて、キャンドルを灯します
・シンボル…………💧
・その他のツール…悪いものを外に出すために、ハーブでこすった鏡を窓の方に真っすぐ向けてパワーをチャージします

●セックスを充実させる
・色……………………赤
・ハーブ………………シナモン、ジンジャー、パチョリ、パセリ
・石……………………カーネリアン
・儀式の方法………ハーブにパワーをチャージする間、赤いキャ

　　　　　　　　　　ンドルを灯します。ハーブを赤い布で包み、
　　　　　　　　　　枕の下に置きます
・シンボル………… ⧖

●寝つきをよくする
- 色………………… 青
- ハーブ…………… ラベンダー、レモンバーム、サンダルウッド、バニラ
- 石………………… アメジスト、アクアマリン、ムーンストーン
- 儀式の方法……… キャンドルの周りに石を並べます。石をベッドに持って行き、一緒に寝ます。ラベンダーにパワーをチャージし、寝る前に香りをかぎます
- シンボル………… ⚏

●喫煙習慣を断ち切る
- 色………………… 青。キャンドルの使用はすすめません
- ハーブ…………… 新鮮なハーブのみ。キャットニップ、ユーカリの葉、ローズ、スイートピー、タイム。ドライハーブやドライフラワーの使用はすすめません
- 石………………… アベンチュリン、ボツワナアゲート、トパーズ
- 儀式の方法……… 石にパワーをチャージし、持ち歩きます。パワーをチャージした新鮮な花の香りをかぎます

- シンボル………… 💧💧💧
- その他…………… サポートグループ、禁煙プログラム、禁煙のための道具

● **ストレスを緩和する**
- 色………………… 青
- ハーブ…………… クミン、ラベンダー、ペニーロイヤル
- 石………………… アメジスト、カルサイト、クンツァイト、マラカイト、ソーダライト
- 儀式の方法……… 青いキャンドルの炎で瞑想します。ラベンダーにパワーをチャージし、袋に入れて風呂に入れます。パワーをチャージした石を身につけます
- シンボル………… ⚬⚬⚬
- その他…………… 新鮮な、甘い香りの花をかぎます。水に浸かるか、ゆっくりと泳ぎます。流れる水に足をつけます

● **勉強がはかどる**
- 色………………… 黄色
- ハーブ…………… マスティックガム、ローズマリー
- 石………………… アベンチュリン、エメラルド、フローライト、シトリン
- 儀式の方法……… 石にパワーをチャージし、儀式をおこなう際

　　　　　　　　　に本の上に置きます
・シンボル………… 👁　→

●旅行を楽しむ

- 色……………… 黄色
- ハーブ………… アニス、メース、ペパーミント
- 石……………… アベンチュリン、カルセドニー、マイカ
- 儀式の方法……… 目的地を視覚化して、それをキャンドルに注ぎ込み、灯します。石にパワーをチャージして、行き先に送ります
- シンボル………… ┼
- その他………… 目的地が丸で囲ってあり、そこに向かって矢印が書き込まれている地図

●安全に旅行する

- 色……………… 赤
- ハーブ………… シーウィード、ケルプ、ブラダーラック
- 石……………… カーネリアン、ターコイズ
- 儀式の方法……… シーウィードにパワーをチャージして、旅先に持って行きます。石にパワーをチャージして、地図上の目的地にのせます
- シンボル………… ┼（囲み）
- その他………… 赤いインクで守護のシンボルが描かれた、目的地が載った地図。化石

注意：上記の「儀式の方法」はあくまで提案です。気に入ったものがあれば使ってもいいし、自分で作っても構いません。

儀式に最も適した時間帯を決める
（適した時間帯がある場合）

　その昔、自然魔術の魔術師たちは星の位置や月の満ち欠け、1日の時間帯や季節によって、事実上支配されていました。彼らは、魔法は最も適した時間帯におこなわなければ効果がないと信じていました。

　もちろん、この考え方が正しくないことはすでに証明されています。しかし、魔法を実践するのに適した時間帯はあるので、もし可能であれば、儀式をおこなうタイミングを次のものの最低どれか一つに合わせてみることをおすすめします。合わせることができないのであればそれはそれで構いません。あなたが魔法をおこなう時が、魔法に最も適した時だと考えましょう。

太陽

　太陽が適切な黄道十二宮の位置に入るまで、何カ月も待つ魔術師もいます。大がかりな魔法をおこなう時はタイミングを合わせるべきかもしれませんが、毎日の魔法では現実的ではありません。しかし、時間がある場合は待ってみる価値のある太陽周期もあります。

もちろん、時間がない場合はタイミングを合わせるためにわざわざ待たなくてもいいでしょう。

・日の出
　東の地平線から、日が昇り、１日が始まります。浄化やビジネスの成功、勉強、仕事、色々な依存を断つ魔法、旅行、罪や嫉妬の解放、病気の治癒、そして意識に関連する魔法には最高の時間帯です。

・正午
　高い所で太陽が目一杯照りつける時間帯です。日の出の儀式に該当する内容はもちろん、魔法や身体的なエネルギー、パワー、守護、お金、そして勇気に関連した魔法にも向いています。

・日の入り
　太陽が西の地平線に沈む時間帯は、依存を断つ魔法、減量、悲しみや痛みを追放する魔法、苦しみを一変させる魔法や悪い習慣に関連する魔法をおこなうのに適しています。

・夜
　太陽が姿を消すと、夢心地な夜の時間が到来します。美しさや夢、精神世界の夢、潜在意識、スピリチュアリティ、眠り、セックス、浄化、愛、友情、平和、ストレスの緩和、傷の治癒に関連する魔法をおこなうにはいい時間帯です。

月

　月は、24時間周期の中で、毎日1時間ずつほど遅れて満ちたり欠けたりしています。満月の時は、太陽が沈むと同時に昇ります。月の満ち欠けによって、伝統的に様々な魔法がおこなわれてきました。太陰暦の特定の日におこなう複雑なパターンも存在しますが、現在では、このようなものに沿って魔法をおこなう魔術師はほとんどいません。月の満ち欠けと、それによっておこなわれる魔法には、次のようなものがあります。

・満ちていく月（新月から満月へ）
　月が満ちている時は、始まり、健康や治癒、潜在意識、美、多産、その他ポジティブな魔法全般に適した時期です。

・満月
　満月の光り輝く明かりの下では、守護、愛、癒し、浄化、潜在意識、お金、旅行などポジティブな魔法全般に適した時期です。

・欠けていく月（満月から新月まで）
　癖、依存、病気、負の感情などを断ち切るのにはいい時期です。嫉妬や罪、痛みは、欠けていく月の下で解放するといいでしょう。新しいものを入れるために、古いものを追い払う時期です。

季節

　自然魔術の魔術師たちの中には、季節の強力な力が、魔法に敏感に影響を及ぼすと考える人もいます。昔から、それぞれの季節に次のような魔法がおこなわれてきました。

・春
　癒し、浄化（冬の間に、暖房などによって溜まった汚れを掃除するスプリング・クリーニングという欧米の習慣は、このなごりです）、潜在意識、請求書の支払い、多産、魔法の庭作り、そして環境に優しい儀式に関連する魔法をおこなう時期です。風（ふう）の魔法をおこなうといいでしょう。

・夏
　愛、結婚、友情、美、守護、勇気、魔法のエネルギー、身体的なエネルギーと強さに関連した魔法をおこなう時期です。火の魔法をおこなうといいでしょう。

・秋
　お金、仕事、新しい所有物（家や車を含む）に関連した魔法をおこなう時期です。水の魔法をおこなうといいでしょう。

・冬
　病気を治し、悪癖、依存を断つための魔法や、前世を探し求めるための魔法の時間帯です。内省、瞑想、読解、そして来るべき春に

向けて魔術師に活気を与えるための魔法をおこなう時期です。土の魔法をおこなうといいでしょう。

特別な時間帯

　雷を伴う嵐は、強力なエネルギーが満ちている時です。

　嵐の最中におこなわれる全ての魔法は、嵐のエネルギーによって強化されます。より高い効果が期待できるので、守護の魔法をおこなうには理想的な時です。

　暴風雨の時は、浄化、愛、同情、友情、美の儀式に関する魔法をおこなったり、罪や嫉妬から解放されたりするのにいいでしょう。

　暴風雪の時は、穏やかな魔法や浄化、さらに感情を落ち着かせるのにいい時です。報われない愛も解放しましょう。

　また、強風の時は依存を断ち切る儀式や、勉強や旅行の儀式に力を与えてくれるでしょう。

　猛暑の日は、守護や勇気、エネルギーの魔法に必要なパワーをチャージしてくれます。

　日食や月食は、観察する者にも魔術師にとっても、ドラマチックな瞬間です。昔は、魔術師たちは、日食や月食の間は魔法をおこなわないように言われていました。しかし、今日では、多くの魔術師が日食や月食から生まれるパワーを、病気の治癒といった、追い払うための魔法に使っています。

　以上、魔法をおこなうのに適した時間帯を少しばかり提案しました。ガイドとして参考にして下さい。決して縛られてはいけません。

呪文の詩やパワーを引き出す言葉を作る

　呪文の言葉を伴った魔法の方がよりパワーがあるといわれてきました。魔術師の多くはそれを信じているようです。これには二つの理由があります。

１．特定の言葉に魔法の目的を凝縮すると、魔術師は魔法の全体像を視覚化しやすくなるようです。

２．話し言葉は振動します。魔術師は、正しい発声をおこなえば（２．「魔法のテクニック」参照）、言葉を通してパーソナルパワーを魔法の道具に送り込むことができます。

　さあ、早速魔法の最中に言う短い詩を作ってみるか、叶えたい願いについての簡単な文章を書いてみましょう。
　まずはとにかく実践してみることです。この本の中に出てくる様々な例にそって実践してみてもいいでしょうし、ただ鉛筆とメモ帳を目の前にして座り、試しに少し書いてみてもいいでしょう。
　自分の呪文を作る上で参考になるいくつかの指針を次に記します。

・願いは、分かりやすく書きましょう。

・その願いをあらゆる角度から詳しく書きます。たとえば、「愛」ではなく「長続きする愛」、「身体的な守護」ではなく「完全なる守護」といった具合です。また、薬物依存を「永遠に断つ」と書

いたり、薬物依存の「原因と兆候」について書いたりするなどです。

・できれば、魔法で使おうと決めた道具のいくつかを、魔法の詩や呪文に含めましょう。これらの言葉が、詩や呪文全体を作るのに役立つ可能性もあります。

・潜在意識の覚醒、愛や癒しの魔法には、暗示にかかりやすい響きを持つ言葉を使います（「s」で始まる言葉や、「z」を含む言葉がおすすめです）。守護には力強い言葉を使います。例えば、「鋭い」「突く」「パチパチと音を立てる」といった言葉は、愛の詩より守護の詩の方が合うでしょう。このように、魔法の種類に合わせて、言葉を選びましょう。

・言葉が自然に湧き出てくるのを期待してはいけません。言葉と向き合って工夫する必要があります。あなたの潜在意識が、あなたが必要としているものを教えてくれます。

韻をふむことについても、少し述べておきます。韻をふむ呪文の方が韻をふまない呪文と比べて、私たちの意識により強い効果があることが、魔術師たちの何世紀もの観察と実践によって明らかになっています。韻は、私たちの心に安定をもたらし、視覚化を手助けし（韻をふむことで言葉を覚えやすくなり、次の言葉を思い出すのに時間を費やさなくて済むので）、パーソナルパワーをためて放つスピードを高めてくれます。そのため、韻をふむ呪文を作ることができたら理想的です。しかし、難しいようでしたら、気にしないで下さい。あなたが願いを言葉で表現できていれば、韻をふまなく

ても効果があるでしょう。最後に一つだけ申し上げておきます。できれば詩は暗記して下さい。それが無理な場合でも、少なくともあなたにとって慣れ親しんだ言葉になるように何度も読み直すといいでしょう。

魔法を紙に書いてみる

　魔法で叶えたい願い、関連するエレメント、使う道具、時間帯（もしあれば）、そして唱える呪文も揃ったら、これらを一つにします。選んだ道具で何をするか、全てをどうまとめるかを考えましょう。あなたの魔法を、書き出してみましょう。例えばこんな感じです。

・時間帯…今（あるいは満月）
・道具……コップ、水、バラ１本、ローズマリー大さじ２杯、ピンクのキャンドル１本。
・方法……コップがいっぱいになるまで水を注ぎます。水の中にバラを入れます。キャンドルを愛のエネルギーでチャージします。キャンドルスタンドに立てます。火をつけます。キャンドルの周りにパワーをチャージしたローズマリーを振りかけます。呪文を唱えます。
・呪文

　私は愛が必要
　私は愛がほしい
　私には愛がある！

あるいは、

　バラの愛のコップによって
　私は、上空から愛を引っぱってくる

　これが、魔法の大まかな輪郭です。作った呪文がベストだと確信したら、次の段階に進みましょう。

魔法を仕上げる

　この本に記されている魔法と同じように、あなたの魔法も文章にしてみましょう。文章として書かれた魔法は、それ自体が魔法なので、きれいな文字で書きましょう。あなたが書いたものですから、あなたのパワーを含んでいます。儀式をおこなっている間にそれを眺めれば、あなたに力とエネルギーを与えてくれるでしょう。
　魔法を文章にして清書した場合の一つの例を挙げましょう。

　＜バラの愛の魔法＞
　満月の夜、あるいはあなたがおこないたいと思った時に、バラを一輪、コップ１個、水、ピンクのキャンドル１本、キャンドルスタンド、ローズマリー大さじ２杯を揃えます。バラに愛をチャージします。ローズマリーに愛をチャージします。キャンドルに愛をチャージします。
　コップに水を注ぎます。水の中にバラを入れ、次の言葉を唱えます。

> *バラの愛のコップによって*
> *私は、上空から愛を引っぱってくる*
>
> バラのコップの後ろで、キャンドルをキャンドルスタンドに立てます。火をつけると同時に唱えます。
>
> *バラの愛のコップによって*
> *私は、上から愛を引っぱってくる*
>
> キャンドルが燃える間、キャンドルスタンドの周りにローズマリーを時計回りに振りかけながら、唱えます。
>
> *バラの愛のコップによって*
> *私は、上空から愛を引っぱってくる*
>
> 最低でも9分間はキャンドルをそのまま燃やしましょう。

　見れば分かる通り、最初に書いた魔法よりもずっと分かりやすくなりました。実際に魔法をおこなっている間に戸惑うことがないように、全てのことが詳細に書かれています。
　魔法を作り、そしてそれを書くことに時間を費やせば費やす程、魔法の効果も上がるでしょう。

道具を集める

　通常、魔法を実行する準備が整うまで、道具を揃える必要はありません。しかし、魔法でよく使うキャンドルやハーブの在庫が少なくなっていたら、新しい物を購入しておくといいでしょう。
　魔法を始める前に、全ての物を準備しておくことを忘れないようにしましょう。例えばキャンドルをつけるためにマッチを取りに行くようなことになってはイライラして集中できません。
　道具を集める行為は、実は儀式で呼びかけるエネルギーを集めることと同じです。ですから、ピンクのキャンドルを引っ張り出すことやバラを買うこと、そして儀式にぴったりのコップを探すといった行為は、ただ魔法の準備をするということ以上に大切なものなのです。その行為自体が魔法だということを忘れないで下さい。

魔法をおこなう

　いよいよ最終段階です。どのようにして魔法をおこなうか、既にあなたはわかっているはずですから、もう言うべきこともあまりありません。もうあなたは魔法に効果があることも知っているはずです。自分で作った魔法だから、その効果に自信がない？
　そのような不信感は捨てましょう。
　風や太陽の熱、月の冷たい光や地球の肥沃な土に浄化してもらいましょう。
　前向きな姿勢で魔法をおこなえば、必ずうまくいきます。

あとがき

　この本を書き終えた数カ月後、もう一度読んでみると、この本の前身である『西洋魔法で開運　入門』との共通点や相違点に気づき、唖然としました。『西洋魔法で開運　入門』は1982年に書き始めた本です。その後、この本を書き上げるまでの10年間、私は魔法の研究と訓練を続けてきました。この本にはそこで学んだものの多くを反映させています。

　『西洋魔法で開運　入門』の奥底にある本質的なものは、この本でも変わらず生きているでしょう。私の言葉だけはなく、論調や主なテーマなどです。『西洋魔法で開運　入門』は、15歳の頃から私がおこなってきた魔法をまとめたものです。自然魔術をおこなう上で役に立つガイド本となりました。その中身は、魔法の水たまりや神秘的な鏡、魔法の庭などについて記しています。若い頃に学んだ魔法について書いた結果です。

　今、そのような本を書くことは恐らくできないでしょう。その後、私は魔法の「なぜ」や「どのように」という点をもっと追求し、自分流の魔法の実施法を見出してきました。また、10年間かけて、自然魔術を研究し、実験し、収集し、考察してきました。自然魔術と共に生きてきたわけです。このような体験は、この本を含め、私の

書いた本全てに表れていると思います。

　この本の構成は、決して『西洋魔法で開運 入門』と同じではありません。しかし、その精神は同じであると信じています。この本を読んで、1人でも多くの兄弟姉妹が、土に触れ、魔法が個人的な変貌を遂げるための素晴らしい道しるべであることに気づいてくれることを願っています。

　また、この本は招待状でもあります。「こちらにおいで」と誘っています。「緑の原っぱを散歩しにおいで」「神秘的な泉を覗き込みにおいで」「老木の幹を触りにおいで」、そして「花の魅惑的な香りをかぎにおいで」とささやいています。

　さあ、あなたを撫でながら通り過ぎる風を感じましょう。太陽の熱を冷ます風です。海に広がるきらめきを、そして頭上の星を眺めましょう。心地よく土の上に座り、その不思議なパワーに思いを巡らせましょう。

　私たちの周りにある自然の奇跡によって、魔法は誕生しました。同じ奇跡が、私たちの生命を保っています。注意を払えば、魔法は生きていることに気づきます。また、生きていることそのものが魔法であることに気づくでしょう。生命と魔法は、切っても切り離せない関係で、一つなのです。

　魔術師になりたければ、地球に敬意を表しましょう。命を敬うのです。そして愛しましょう。魔法は、人間1人1人の生きる権利であることを知り、賢く使いましょう。

　この魔法の本は、終わりに近づこうとしています。しかし、あなたの魔法は続くでしょう。この本があなたに喜びをもたらすよう願っています。

付録 I
魔法のシンボル

　自然魔術で使えるシンボルを紹介します。これらのシンボルは、この本に記されている魔法以外にも使うことができます。ヒーリングやエネルギーや愛のシンボルは、風呂に入る前にバスタブに張った水にシンボルを視覚化するか、シンボルからパワーを「引き出して」水に加えることができます。潜在意識のシンボルは、タロットカードを入れる布の袋に縫ったり、刺繍したりしてもいいでしょう。また、守護のシンボルは、車や人に貸す物に描いてもいいですし、毎朝学校に向かうあなたの子供たちをシンボルが包み込むのを視覚化したりしてもいいでしょう。

　これらのシンボル自体のエネルギーは、小さいでしょう。パーソナルパワーで物理的、そして視覚的に作り上げる必要があります。それをおこなって初めて、シンボルはエネルギーを集中させて運んでくれるのです。

　このような理由から、自然魔術を扱う魔術師は、落ち着いてこれらのシンボルと取り組む必要があります。紙にシンボルを描く練習をしましょう。視覚化する必要はありません。ただ、あなたの願いに沿ったシンボルを覚えてしまうまで何回も描きます。そうすれば、自由自在に使いこなせるようになります。また、覚えてしまえば、

魔法をおこなう上で面倒にはならないでしょう。

　次に記したのは、大体において、経験と魔法の勉強を重ねて自分で見出したシンボルです。あなた自身が作ったものを含め、他のシンボルの方があなたの手や思考に合っているようであれば、より大きい効果が期待できるかもしれません。

　以下のシンボルの中には、一つの願いにつき二つかそれ以上の意味があるものもあります。そのような場合は、パーソナルパワーを高めてくれる方を選ぶことが最も大事です。（シンボルは、19.「自分だけのオリジナル魔法を作る」にもたくさん出てきます）。

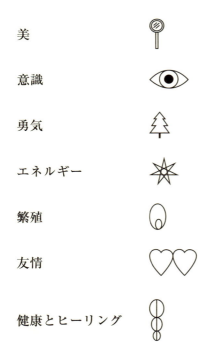

美

意識

勇気

エネルギー

繁殖

友情

健康とヒーリング

愛　　　　　　　

お金　　　　　　

平和　　　　　　

守護　　　　　　

潜在意識の覚醒　

浄化　　　　　　

スピリチュアリティ　

旅行　　　　　　

減量　　　　　　※

付録 II

用語集

　この本に出てくる用語の多くは、魔術師以外にはあまり知られていません。自然魔術でしか通用しない意味合いをもつ用語もたくさんあるので、用語集を掲載しました。

・アーカーシャ／Akasha
第5の元素としても知られているアーカーシャは、世界のあちこちに充満するスピリチャルなパワーのこと。エレメントが作られたエネルギーでもある。

・意識／Conscious mind
社会的に規制された、知的で論理的で物質的な人間の顕在意識。これは、私たちが数字を足したり引いたり、地図を眺めたり、考えを巡らせている時に働いている。「潜在意識」と比較してみよう。

・陰の手／Receptive hand
陽の手の反対の手。魔法によって、この手を通じて外のエネルギーが身体の中に取り込まれる。

・ウイッカ／Wicca
現代における多神教。その精神的なルーツは、神々が創造した自然を崇敬する最も古い時代にある。ウイッカは、言い換えれば、地球を含め存在するもの全てを創造した神や女神を崇拝する現代宗教だ。また、ウイッカは通常個人や世界に変化を加えるツールとして魔術をとらえている。そして、通常輪廻転生を教えとしている。ウイッカを信望する者の中には、自分を「魔女」という言葉で表す者も大勢いる。

・占い／Divination
雲、タロットカード、炎、そして煙といった道具に現れる、一見支離滅裂な模様やシンボルを解釈することによって、未知なものを発見する魔法の技。占いは、儀式を通して、道具を観察したり動かしたりすることによって、意識的な思考を騙し、曇らせ、潜在意識に働きかける。占いは、潜在意識と容易に交信できる人には（おこなってもいいが）必要ないだろう。自然魔術をおこなう魔術師の多くは、状況の正しい洞察を得るために、儀式の前に占いをおこなう。

・エネルギー／Energy
現在、私たちの身体を含め、自然物や生き物全てに存在する、計り知れない（けれど、本物の）パワーのこと。昔のハワイの人たちは、これを「マナ」と呼んでいた。他にもたくさんの名称がある。究極的に、このエネルギーは、存在する全てのものの源である神聖な領域から生まれたものだ。様々な魔法の源、燃料となるもの。

・儀式／Ritual
式典。特定の効果をあげるために作られた、物の動きや操作、また内なる作用。宗教において、儀式は神と結合するために調整されている。魔法における儀式は、魔術師が目的達成に向けてエネルギーを動かすための、外と内両方に働きかけたシンプルな一連の動きのことをいう。

・グラウンディング／Grounding
一時的に潜在意識を閉じて、物質世界に合わせて、意識的な思考を整理整頓すること。

・元素（エレメント）／Element
土、風、火、水のこと。私たちの地球を組み立てる4つのエネルギー。存在するもの（または存在する可能性のあるもの）は全て、これらのエネルギーのうち、一つまたは複数を含んでいる。元素は、私たちの中に存在すると同時に、もっと広く世界に浮遊している。また、魔法を通じ、元素を使って変化を起こすこともできる。4つの元素は、アーカーシャの原始的で普遍的なパワーから生まれる。

・視覚化／Visualization
心のイメージを作り出す過程。魔法においての視覚化は、魔法の儀式の時に、魔術師の必要とする目的のイメージを作ることである。また、視覚化は、魔法をおこなう間、様々な目的のために、パーソナルパワーや他の種類のエネルギーに対しても作用するものだ。視覚化は「意識」の働きによっておこなわれる。

・自然魔術／Natural magic
必要な変化を加えるために、地球のパワーとパーソナルパワーと組み合わせておこなう魔法。魔法は、前向きで愛に満ちた、変化を加えるための行為だ。

・呪文／Spell
言葉を唱える行為を伴う魔法の儀式。

・スクライング／Scrying
ある特定の物（水たまり、炎、反射）を見つめることによって、「意識」を鎮め、精神世界と繋がって、「潜在意識」が目覚める状態を作ること。

・潜在意識／Psychic mind
霊的な衝撃を受ける深い意識下、または無意識。潜在意識は、眠り、夢を見、瞑想する時、また未来を覗く時も働いている。潜在意識が顕在意識とつながった時、普通は得られない情報を受け取ることが可能となる。

・潜在意識の覚醒／Psychic awareness
潜在意識から顕在意識に知らせが届いた人間の精神状態。

・そうあらしめよ／So mote it be or so must it be
魔法の歌や詩の多くが、この言葉で締めくくられる。自然魔術師の間で、長年頻繁に使われてきた表現。

・地球のパワー／Earth power
石、ハーブ、炎、風、小川、その他あらゆる自然物に含まれているパワー。魔法では、地球のパワーはパーソナルパワーと関連している。

・チャージする／Charge
物にパーソナルパワーを注入すること。「チャージする」行為は、魔法的なおこないだ。

・地球の魔術／Earth Magic
「自然魔術」参照。

・毒、破滅を呼ぶもの／Bane
生命を破壊するもの。有害で危険で破壊的。悪意のあるもの。悪い習慣や様々な形の脅迫も含まれる。この本の中では、時々儀式の呪文の中に、この言葉が出てくる。

・願い／Need
魔法や儀式の目的。魔術師の人生で、穴が空き欠けている部分。願いは、愛や健康、幸せや平和かもしれないし、悪い習慣や考えを断ち切ることかもしれない。あるいは、他の様々な変化かもしれない。

・呪い／Curse
人や場所、または物に向けられたネガティブな意識。よく誤解されているが、自然魔術において呪いはまれで、通常効果はない。「サイキック攻撃」としても知られている。

・パーソナルパワー／Personal power
私たちの身体を維持するエネルギー。始めは、子宮を通して生物学上の母親から吸収し、その後、食べ物、水、太陽の光、その他あらゆる自然物や資源から得ている。私たちは、パーソナルパワーを身体的な活動、運動、セックス、受胎、出産、感情、考え、そして魔法の時に放っている。

・ペンタクル／Pentacle
魔法の道具。木製、金属製、あるいは粘土でできた円盤の5か所にとがった星が切り刻まれたもの。

・ペンタグラム／Pentagram
五芒星。5つの尖りがある星で、頂点の一つを常に上に向けて描く。ペンタグラムは、シンボル的に多くの意味合いを持つ。五感、アーカーシャと関連した元素、手、人間の身体、土と金の元素などである。多くの場合は守護のために、少なくとも2千年は魔法に使われてきた。また現代では、よくウイッカと関連づけられている。間違った情報やあからさまな嘘の伝達によって、時折ペンタグラムはサタニズム（悪魔）のシンボルとして信じ込まれてきた。しかし、サタニズムはこのシンボルを保有したこともないし、今も保有していない。自分たちの利益のために、真の意味を曲げて捻る者たちの頭の中に留めておきたい。

・マジック／Magick
Magic（魔法）のもう一つの言い方。

・魔術／Witchcraft
魔女の力のこと。魔法の中でも、とりわけ地球のパワーと共にパーソナルパワーを利用する魔法。この定義に基づき、魔術は宗教とは異なる。しかし、ウイッカを信奉する者には、自分たちの信じるものを表現するために、両方の定義を交互に使う者が多い。

・魔女／Witch
昔、ヨーロッパの紀元前に、自然魔術を実践したヨーロッパ人の名残。魔術をおこなう者。後にこの用語は、キリスト教を脅かす破壊的な魔術をおこなう、危険で異常な超自然的存在という意味に故意に変えられた。これは組織された宗教側の、政治的、金銭的、性差別的な動きだった。この悪いイメージがつきまとう言葉は、未だに魔女ではない多くの人々に受け入れられているが、実際には、脅迫性のない愛のこもった自然魔術をおこなう魔女の本当の姿をとらえていない。また、魔女という言葉は、ウイッカ信者が自分たちを指す時に使うこともある。

・魔法／Magic
必要な変化をもたらすために、パーソナルパワーのような自然のエネルギーを動かすこと。魔法は、このエネルギーを「起こして」作り出し、視覚化して目標を与え、魔術師の願いを叶えるために放つ行為だ。魔法は自然な（霊的ではない）行為だが、理解する者は少ない。

・魔法を唱える声／Magical voice
魔法の最中、呪文を言うために使うもの。疑いや不安のない力強い、

しっかりした声。場合によっては、絞り出した力強いささやきであることも。

・民間魔術／Folk magic
「自然魔術」参照。

・目標／Goal
「願い」参照。

・幽体離脱／Astral projection
肉体から意識を切り離し、自在に動きまわること。

・陽の手／Projective hand
使いやすい、器用な方の手。普通、字を書く方の手。魔法の際は、この手を通じてパーソナルパワーが身体から放出される。「陰の手」と比較してみよう。

参考文献一覧

　『西洋魔法で開運 入門』を書いた時は、自然魔術について書かれた本があまりありませんでした。しかし、ここ10年間で、多くの作者がこの繊細な芸術について記しています。この参考文献のリストには、自然魔術を学ぶ者にとっては役に立つと思われる素晴らしい本が多数含まれています。作家たちの主張に、私は全て同意しているわけではありませんが、インスピレーションを受けたのは事実です。

　興味のある本をどうぞ読んで下さい。

Adams, Peter
Moon, Mars and Meteorites. London: British Geological Survey, 1984.
この素晴らしい冊子は、隕石のイラスト付きの説明で締めくくられている。

Agrippa, Henry Cornelius
Three Books of Occult Philosophy. 1533. English translation first published in London, 1651. Reprint. Chthonios Books, 1986.
自然魔法の古典である本書は、現在三巻構成になっている。エレメント

について興味深い記述がたくさん含まれている。

Amber K
True Magick. St. Paul, Minn.: Llewellyn, 1990.
折衷主義のウイッカの視点で書かれた魔法のガイド本。魔法の原則や実践について、きちんとした説明が含まれている。

Ball, Sidney
A Roman Book on Stones, Including an English Modernization of the 37th Booke of the Historie of the world by E. Plinius Secundus. Los Angeles: Gemological Institute of America, 1950.
古いロードストーンについて、驚くべき記述が含まれている。

Bonewits, P. E. I.
Real Magic. York, Maine: Weiser, 1989.
魔法を知的に探求した本。1971年に初めて出版された時は、画期的だった。アップデートされた改訂版が、まだ印刷されている。

Buckland, Raymond
Practical Candleburning Rituals. St. Paul, Minn.: Llewellyn Publications, 1988.
キャンドルの魔法についての人気のガイドブック。
レイモンド・バックランド『キャンドル魔法　実践ガイド』パンローリング刊。

Cabot, Laurie and Tom Cowan.
Power of the Witch: The Earth, the Moon and the Magical Path to Enlightenment. New York: Delta, 1990.
ウイッカの視点で書いた自然魔法の本。6章と7章は特に面白い。

Chappell, Helen
The Waxing Moon: A Gentle Guide to Magick. New York: Links Books, 1974.
この類いでは初めての本。絶版になって年月が経つが、古本屋にはあるだろう。8章は避けた方がいい。

Cunningham, Scott
Earth Power: Techniques of Natural Magic. St. Paul, Minn.: Llewellyn, 1983.
本書の前編となる本。
スコット・カニンガム、『西洋魔法で開運 入門』、パンローリング刊。

Della Porta, Giambattista
Natural Magick. Naples: 1558. London: 1658. Reprint. New York: Basic Books, 1957.
永遠の名作。7章の「ロードストーンの不思議」は特に面白い。

De Lys, Claudia
A Treasury of American Superstitions. New York: Philosophical Library, 1948.
22章は星についての迷信について論じている。19章は水にまつわる言い伝えで溢れている。

Devereux, Paul, John Steele and David Kubrin
Earthmind: A Modern Adventure in Ancient Wisdom. New York: Harper & Row, 1989.
土が本来もつ神聖さについて調査した驚くべき本。魔法のガイド本ではないが、魔法を実践する時に使うパワーの根源について探求する。強くおすすめする。

Green, Marian
The Elements of Natural Magic. Longmead, England: Element Books, 1989.
この分野に特化した魅力的なガイド本。「自然を使って実践する」、「神聖なる水」、「炎と形」など、その他たくさんの内容が含まれている。
マーリーン・グリーン『ナチュラル・マジック－大地の力を生かす技』、河出書房新社刊。

Howard, Michael
CandleBurning: Its Occult Significance. Wellingborough, England: The Aquarian Press, 1977.
火の魔法の中でも、この分野に特化した短い導入本。

Howard, Michael
The Prediction Book of Practical Magic. London: Javelin Books, 1988.
6章はエレメントについて記述している。他の章は、惑星、自然魔術、道具、そして魔法の基本原則について述べている。

Katlyn
Ocean Amulets. Long Beach, Calif.: Mermade, 1988.

貝殻の言い伝えや伝説、魔法的な使い方を魅力的に綴ったガイド本。詩的で、イラストも美しい。

Koch, Rudolf
The book of Signs. New York: Dover, 1955.
シンボルの図解について書かれた、必ず持っていたい一冊。

Lehner, Ernst and Johanna Lehner
Lore and Lure of Outer Space. New York: Tudor Publishing, 1964.
星や惑星についての素晴らしい本。

Malbrough, Ray
Charms, Spells and Formulas. St. Paul, Minn.: Llewellyn, 1986.
ルイジアナブードゥ教のれっきとしたガイド本。多くの魔法や儀式の記述が含まれている。

Martin, Martha Evans
The Friendly Stars. New York: Dover, 1964.
天球について詳細に書かれた導入本。文章に温かみが感じられる。

Medici, Marina
Good Magic. New York: Prentice Hall, 1989.
自然魔術の優れた本だ。内容が濃い。多くの人に、「君がこの本を書いた方がよかったのでは？」と言われた。確かに、『西洋魔法で開運 入門』にインスピレーションを受けたと思われる箇所がたくさん見受けられる。筆者は参考文献を書いていないので、本当のところはわからない。しか

し、フルカラーの写真は素晴らしいし、情報も確かだ。

Raymo, Chet.
365 Starry Nights. Inglewood Cliffs, New Jersey: Prentice Hall, 1982.
頭上の星と出会う素晴らしい方法だ。

Skelton, Robert
The Practice of Witchcraft Today. London: Robert Hale, 1988.
この本の第三部では、オリジナルに作られた役に立つ魔法や儀式が含まれている。

Strachan, Francoise
Natural Magic. New York: Black Watch, 1974.
自然魔術の実践についてのガイド本。イラスト多数。

Valiente, Doreen
Natural Magic. London: Robert Hale, 1975.
この内容に特化した魅力溢れる導入本。エレメント、植物、石、色、夢、動物、そして天気についての記述が満載。後に、フェニックス社によって改訂版が出版された。

Weinstien, Marion
Positive Magic: Occult Self-Help. New York: Pocket Books, 1978.
機知に富んだ、やる気をそそる聡明な本。特定な魔法の道徳的な限界についてきちんと把握している。強くすすめる。フェニックス社によって追記された改訂版も、後に出版された。

■著者紹介
スコット・カニンガム
1956年米国ミシガン州生まれ。1993年没。高校在学中からウイッカについて学び、20年にわたって自然のパワーによる魔法を実践していた。フィクション・ノンフィクションあわせて30冊以上の著作がある。翻訳書では、『魔女の教科書』『魔女の教科書 ソロのウイッカン編』『願いを叶える魔法のハーブ事典』『願いを叶える魔法の香り事典』『願いを叶える魔法のパワーアイテム事典』『西洋魔法で開運 入門』（以上、パンローリング刊）がある。

■訳者紹介
狩野綾子（かりの・あやこ）
ロンドン大学、ゴールドスミス・カレッジ大学院卒。英日ライター＆翻訳家。映画会社で国際業務や単行本の編集業務を経て、英字新聞の文化欄記者に。翻訳書に、『西洋魔法で開運 入門』（スコット・カニンガム）『「ひらめき」を生む技術』（伊藤穣一）、『状況認識力UPがあなたを守る』（ジェイソン・ハンソン）、共訳書に『フランスの子どもはなんでも食べる』（カレン・ル・ビロン）、『オイスター・ボーイの憂鬱な死』（ティム・バートン）などがある。都内を中心としたお母さんたちの編集・デザインチーム「まちとこ」（http://machitoco.com ）にも所属。

鵜木桂（うのき・かつら）
スポーツ新聞社での外信部勤務を経てオランダのライデン大学へ留学、オランダ研究科美術史専攻で修士号を修める。現在オランダで主に芸術・文芸関係の蘭日・英日の翻訳者、通訳として働くかたわら、日本では外務省、公益社団法人国際農業者交流協会でオランダ語、英語講師を務める。

2017年1月3日 初版第1刷発行

フェニックスシリーズ㊽
西洋魔法で開運 発展編
――パーソナルパワーとナチュラルパワーの融合

著　者	スコット・カニンガム
訳　者	狩野綾子、鵜木桂
発行者	後藤康徳
発行所	パンローリング株式会社
	〒160-0023　東京都新宿区西新宿7-9-18-6F
	TEL 03-5386-7391　FAX 03-5386-7393
	http://www.panrolling.com/
	E-mail　info@panrolling.com
装　丁	パンローリング装丁室
印刷・製本	株式会社シナノ

ISBN978-4-7759-4167-6

落丁・乱丁本はお取り替えします。
また、本書の全部、または一部を複写・複製・転訳載、および磁気・光記録媒体に入力することなどは、著作権法上の例外を除き禁じられています。

©Ayako Karino, Katsura Unoki 2017　Printed in Japan